FLORENT

PAGNY

FLORENT PAGNY

La liberté de chanter

ÉRIC PÉRON

City
Biographie

Du même auteur

Michel Sardou. Une belle histoire, City, 2022.

ISBN : 978-2-8246-2100-5
Code Hachette : 63 6498 7
Catalogues et manuscrits : city-editions.com

Dépôt légal : Septembre 2022

Sommaire

À ma mère.

Préface
de Lionel Florence

C'est le parcours d'un homme libre, à la voix remarquable qui lui ouvrira la voie à un destin tout aussi exceptionnel. Il pourrait être un voisin, un beau-frère, un copain d'enfance. Il vous est, de toutes façons, familier, de loin ou de près, au gré d'histoires communes qui vous relient, d'aventures ou mésaventures qui vous rassemblent, et coups de foudre ou coups de gueule qui vous ressemblent. Vous le connaissez, le reconnaissez au fil des chansons. De « Caruso » à « Ma liberté de penser », en passant par « Savoir aimer », on pourrait être dérouté, déstabilisé par l'éventail et l'inattendu du répertoire, autant que par des looks aux multiples facettes, blond, brun, long, court, mais il est lui-même.

Chaque étape de sa vie est assumée. Pleinement. Sans complexe. Une enfance en province. Des parents aimants. Un gosse turbulent. Rien d'extraordinaire. Juste le besoin vital de partir. « Ailleurs Land » : la capitale. Bien sûr des rêves plein la tête, des envies d'exister, acteur, chanteur… Il faut prendre des cours, faire des petits boulots… 17 ans, une bonne gueule à la James Dean, tout est possible. Et puis des rencontres. Cruciales. Des portes qui souvent. Des chances à saisir. Avec le talent qu'on a et la certitude de réussir, on n'a peur de rien. On avance. On prouve ce qu'on sait faire. On est compris, parfois non.

Les planètes s'alignent. Le succès, l'amour. La reconnaissance. Ce qui fait un homme, c'est de n'être jamais sûr de rien. De ne jamais se contenter de ses acquis. D'accepter que tout peut s'arrêter. Chaque instant est à prendre, à vivre pleinement. Le présent d'abord. Vient le temps des murs porteurs. D'une rencontre et d'un amour indéfectible. Une famille. Un nouvel horizon. Un autre « Ailleurs Land » : la Patagonie. Certains parleront de sagesse, d'autres, de maturité. C'est simplement le chemin d'un homme qui suit sa route à l'instinct, par désir, sans contrainte.

La liberté à tout prix. Même celle de rendre des comptes quand il le faut. Le dire, l'avouer. Un citoyen à qui ça arrive. Même s'il a des moyens que d'autres non pas. On pardonne quand on ne triche pas et qu'on assume ses actes et ses erreurs. On est comme tout le monde. Son franc-parler le prouve. Ni langue de bois, ni alambiqué, ni « autour du pot ». Même pour faire part d'épreuves. Un langage juste. Quelqu'un d'authentique. Un homme vrai.

1

Voici la voix !

Le 9 juin 1998, la grande scène est dressée en plein cœur de Modène. L'orchestre philharmonique de Turin attaque « La donna è mobile », extrait du *Rigoletto* de Verdi. Florent Pagny a rarement eu autant le trac. Il sait que, ce soir, il peut entrer dans la cour des grands ou être ridiculisé.

Il fallait oser quand même : accepter de chanter en duo avec Luciano Pavarotti, le plus grand ténor du monde depuis Enrico Caruso. L'affronter sur son terrain de jeu : l'opéra. Le journal italien *La Repubblica*, dans un article paru le lendemain, décrit la démesure de ce gala organisé au profit des enfants du Liberia et filmé en direct par la chaîne américaine MTV : « Vingt mille présents : les personnalités aux premiers rangs, les VIP juste derrière, et plus bas les premières places payantes. Sur le côté gauche de la scène couverte d'un belvédère doré, le public debout était entassé, dans la meilleure tradition des concerts de rock. Un parterre avec Albert de Monaco, George Weah, [...] Ben Gazzara, Ambra... et l'inquiétante Naomi Campbell. »

Invité en tant que vedette française, notre petit Frenchy se voit soudain propulsé dans la galaxie des stars. Trop grand pour lui ? Il n'a pas ses repères et à part Céline Dion, il ne connaît personne, ni Stevie Wonder, ni Zucchero, ni Natalie Cole, ni les Spice Girls. Laurent Boyer, qui le suit avec ses caméras pendant les répétitions, a pu constater l'état de fébrilité dans lequel il se trouvait : « Avant d'y aller, il avait les pétoches et c'est normal. Tu imagines le truc ? »

Entre 1992 et 2003, Luciano Pavarotti organise une dizaine de concerts caritatifs dans sa bonne ville de Modène. Il s'agit de soutenir les enfants victimes de la guerre, tel ce spectacle inauguré par le dalaï-lama, en juin 2000, dont la recette a dépassé le million de dollars de fonds au profit des gamins du Cambodge et du Tibet. Cette série de galas, baptisés « Pavarotti & Friends », permet aussi au *divo* italien d'asseoir sa popularité internationale, en s'aventurant hors de son registre habituel et d'aborder des genres musicaux aussi divers que la pop, le rock, le rhythm and blues.

Le temps d'une chanson, les plus grandes stars mondiales rivalisent vocalement, généralement dans leur propre répertoire, avec le géant modénais, qui chante dans sa langue natale. Ce sont autant de duos de légende, à l'instar du « O sole mio » avec Bryan Adams ou du « It's a Man's Man's Man's World » avec James Brown. Ses invités, Luciano les choisit parmi les plus grandes voix de la variété, de la pop ou du rock, comme Elton John, Sting, Liza Minnelli, Stevie Wonder, Mariah Carey, George Michael, Bono, Roger Taylor de Queen, Joe Cocker et bien d'autres…

Face à l'ogre de Modène, le petit « chanteur de variétoche » ne va-t-il pas se faire dévorer tout cru ? Le public italien découvre notre Pagny national, coiffé de sa crinière peroxydée façon fauve, très à la mode à l'époque. Sa frêle silhouette en costume noir et col Mao est plantée devant le micro sur pied. Il se concentre mais semble fébrile. À côté de lui, notre maître de cérémonie, le grand Luciano, du haut de son mètre quatre-vingt-huit, occupe le devant de la scène, comme pour asseoir sa supériorité. Vêtu de sa queue-de-pie habituelle, tout sourire et rondeurs, tout en onctuosité, il lance les dix mille chevaux de sa voix supersonique :

La donna è mobile
Qual piuma al vento

Pagny se tourne vers lui en tentant de ne pas trop montrer son inquiétude. Les carottes sont cuites. Le ténor barbu ne fera qu'une bouchée de son partenaire et rival. C'est au tour du Français qui, à la surprise générale, balance d'une voix puissante et assurée :

Tout en elle est menteur,
Tout est frivole

Les spectateurs ne s'y trompent pas. Quelques bravos fusent, qui deviennent clameurs. Florent, rassuré, lève la tête et lance un sourire espiègle en direction de son hôte modénais, qui reprend de plus belle et lance avec aisance son premier sol aigu. Ovation du public, que le ténor encourage d'un geste de la main. Malgré le grand sourire carnassier du maestro, la tension entre les deux hommes est palpable, surtout côté Pagny.

Les trois jours de répétition à Modène ont viré au cauchemar pour le Français. Après un « *Ah, Florent Pagny, incredibile, sei venuto !* » (Incroyable, tu es venu !) lancé en guise d'accueil, le ténor fera tout pour lui savonner la planche. Les deux hommes auraient dû interpréter la chanson « Caruso » de Lucio Dalla, dont chacun d'entre eux a enregistré une version magistrale. Mais, pour ce duo, ils se sont mis d'accord sur un morceau classique, en l'occurrence, « La donna è mobile ».

Seul un ténor peut chanter cet air. Mais Pagny est baryton Martin. Sa tessiture vocale lui permet théoriquement de n'atteindre que le sol. Or ce tube lyrique se termine par un si, une note de bravoure, proche du contre-ut, qui déclenche invariablement les hourras des spectateurs, quand, comme le grand Luciano sait si bien le faire, elle est projetée, puis tenue pendant plusieurs secondes avec une apparente facilité. Car Pavarotti, c'est « le ténor très haut, le ténor plus », « le ténor cabriolet avec intérieur cuir »[1].

Première répétition : le Français est mort de trac. Il demande au pianiste si le morceau peut être transposé en la dièse, un demi-ton plus bas. Ce demi-ton fait toute la différence et permettrait à Pagny d'atteindre les notes ultimes de son registre aigu sans être obligé de passer en voix de tête. Qu'à cela ne tienne : les musiciens sont rompus à ce genre d'exercice. Le pianiste donne les instructions à l'orchestre. Mais le géant modénais ne l'entend pas de cette oreille. De sa voix de stentor, il tance le pauvre pianiste et l'orchestre : « *Chi ha detto di mettersi in la ?* » (Qui a dit de se mettre en la ?). Le musicien bredouille un semblant de réponse et le maestro de répéter encore plus fort, une fois puis deux : « *CHI HA DETTO DI METTERSI IN LA ???* »

Dès lors, notre petit Frenchy, qui ne parle pas un mot d'italien mais qui a parfaitement compris la situation, joue profil bas. « Bon ben je crois qu'on ne va pas se mettre en la ! » Il est pris au piège : « Il ne m'a pas fait un cadeau, pas un[2] ! » confiera-t-il plus tard. D'ailleurs, pendant ces trois jours qui lui semblent un calvaire, paralysé par la peur, jamais il n'atteindra les deux notes fatidiques de ce tube classique. Lors des répétitions,

1. *Dixit* Pagny et Nagui, *Taratata*, France 2, 2005. Extrait visible sur mytaratata.com.
2. Interview de Florent Pagny, Off TV, 21 octobre 2019.

le maestro, triomphateur, arbore un sourire narquois lorsque Pagny, coincé dans son registre aigu, passe en voix de tête, lançant à son aîné un regard de chien battu, pressentant l'inéluctable catastrophe qui risque de se produire lors du concert. Il tourne en rond dans son hôtel, comme un lion en cage. Lui, d'habitude si pugnace, est sur le point d'abandonner. Il faudra toute la force de persuasion de sa compagne Azucena pour qu'il accepte d'entrer dans l'arène, quitte à se prendre une cuisante leçon.

D'où vient cette attitude hostile du maestro italien ? En 2005, lors d'un *Taratata* qui lui est consacré, l'interprète de « Ma liberté de penser » raconte les coulisses de cette rencontre mémorable. Quelques semaines auparavant, Pavarotti devait venir à Paris et chanter en duo avec lui pour l'émission *Les Enfants de la guerre* : « J'étais revenu d'Argentine exprès pour ça. Puis, au dernier moment, on m'annonce : "Tu ne chanteras pas avec lui, mais avec Jessye Norman. Ce ne sera pas 'Caruso' mais 'Oh Happy Day'. Jessie Norman, ça reste une très grande cantatrice. Je suis plutôt touché." Visiblement, la diva, qui dispose de très peu de temps, n'a pas été prévenue qu'elle doit chanter ce duo. Elle daigne quand même le faire. On fait une prise. Ce n'était pas terrible. Je n'étais pas très bon. [Je demande] est-ce qu'on pourrait la refaire ? Elle regarde son agent : "Qu'est-ce qu'il me veut, lui ?" (Je savais qu'elle voulait partir). Un tantinet agacé, je lance : “C’est bon, prenez votre avion !” Elle m’attrape par le colbac (elle fait deux mètres et moi je fais un mètre cinquante !) : “Vous savez à qui vous parlez ?” Je dis : “Oui, je sais à qui je parle. Excusez-moi madame.” [...] [Pavarotti et elle] avaient le même agent. Quelque temps après, c’était : “Reçois-le !” Et il m’a reçu. »

Le jour du concert, le petit chanteur bourguignon tient sa revanche. Second couplet. C’est au tour de Pagny. En tant que baryton, va-t-il pour la première fois parvenir à chanter ce foutu sol dièse qui est l’équivalent d’un contre-ut pour un ténor ?

Femme est vanille
Fol qui s’y fiiiiie
Un seul instant

La note passe avec puissance et le public italien l’ovationne. L’éternel sourire du *divo* se fige. Surpris, il lui lance un regard en coin. Il pense à cet instant que Pagny a feinté pendant les répétitions et que ce petit chanteur de variété pourrait être capable de rivaliser avec lui sur le contre-si. Dès lors, le ténor italien sort le grand jeu mais Florent ne le suit pas dans sa vocalise. Il finit par le rejoindre en chantant un puissant fa dièse qui forme une harmonie parfaite avec le la dièse final projeté par le maestro. Ovation du public. Un triomphe mérité.

Pavarotti demande pourtant que, sur le *live* de ce concert, qui sort peu de temps après dans tous les pays du monde, ne figure pas son duo avec Pagny, lequel ne sera commercialisé qu'en France.

La Repubblica – l'équivalent italien du journal *Le Monde* – publie dès le lendemain de la prestation un article où transparaît ce que le Maestro pense de notre vedette nationale : « Les duos les moins convaincants : ceux avec Ramazzotti et Florent Pagny. Le chanteur français a commis la même erreur d'appréciation que Michael Bolton ("Il s'est monté la tête", commentait le Maestro ces derniers jours, faisant allusion à l'album d'airs d'opéra que le chanteur pop américain a sorti après son apparition avec Pavarotti), tentant dangereusement de paître en territoire lyrique. »

L'interprète de « Chanter » conserve de cette expérience un souvenir mitigé : « Je pense que c'est le pire et le plus beau moment de ma carrière[1] ». Car, bien que cette rencontre ait été décevante sur le plan humain, la prestation, saluée par un public italien exigeant qui, en matière de chant lyrique, ne laisse passer aucune erreur, place Pagny au firmament de la chanson francophone. Enfin, il a chanté un air d'opéra avec le Ténor majuscule, la Grande Ourse du *bel canto*, et ce duo-duel l'a propulsé dans la galaxie des interprètes de légende.

1. Interview de Florent Pagny, Off production. Off TV, 21 octobre 2019.

Voici la voix !

Une nouvelle étoile luit au milieu de la pléiade des Piaf, Hallyday et autres Céline Dion. Voici la voix !

Pourtant, il s'en est fallu de peu pour que Florent Pagny ne connaisse le destin de ces vedettes éphémères, lancées comme des savonnettes sur la bande FM au cœur des années fric.

Un ou deux tubes et puis elles s'en allaient. Leurs refrains entêtants venaient vous hanter quelques décennies plus tard, le temps d'un spectacle ou d'une séance nostalgie à la télévision. Mais, alors qu'il aurait pu être condamné à chanter « n'importe quoi » parmi quelques icônes des *eighties* dans la tournée « Star 80 », ce Bourguignon réaliste et hyperactif s'est imposé depuis comme l'un des plus grands vendeurs de disques de la francophonie.

Aujourd'hui encore, après plus de trois décennies, il reste ce chanteur populaire toujours en haut de l'affiche, qui se plaît à répéter : « Jamais le public ne m'a abandonné. »

Le duo avec Pavarotti est le point d'orgue de sa carrière, mais revenons au commencement, l'âge tendre, celui pendant lequel se façonnent (ou pas) les grands destins. Suivons-le, au gré de ses chansons.

Pour mieux le connaître, je vous propose de faire un focus sur quelques événements qui ont marqué sa vie ou plutôt ses vies et son parcours d'artiste hors normes.

Nous verrons quels sont les points communs entre le phobique scolaire, le barman du Broad, le fêtard de Châtelet-les-Halles, l'oiseau de nuit, le jeune comédien, l'autodidacte, l'élève brillant du conservatoire, l'instinctif, le petit malin, le flambeur, le mâle dominant, l'auteur-compositeur-interprète, puis l'interprète tout court, le gaucho de la pampa argentine, le producteur de spectacles, l'oiseau de jour, l'amoureux, l'ami et le mari fidèle, le père de famille, la grande gueule, le grand frère sympa et empathique, le perfectionniste, le « taulier » de *The Voice*.

2

Heureux de vivre, merci !

Au début des années 1960, la France connaît trois décennies fastes pendant lesquelles se combinent croissance à deux chiffres, augmentation du niveau de vie, progrès de la médecine et plein-emploi.

Après la Seconde Guerre mondiale, il a fallu reconstruire et moderniser le pays. Ces Trente Glorieuses sont propices à un boom démographique sans précédent.

Le 6 novembre 1961 naît à Châlons-sur-Saône le troisième enfant d'une famille modeste. Odile Pagny, née Chambosse, exerce l'emploi de secrétaire juridique, tandis que Jean travaille comme ébéniste. Un ouvrier hautement qualifié qui finira sa carrière comme artisan. L'enfant vit des premières années heureuses dans une famille aimante. Salut boomer !

Les Pagny, qui ont besoin de plus d'espace, quittent Châlons pour sa banlieue. Ils déménagent d'abord à Châtenoy-le-Royal puis à Saint-Rémy, à deux pas du travail de Jean. À quelques encablures de la sous-préfecture, dans un écrin de verdure, poussent des habitations individuelles entourées de leur petit jardin. Le rêve des classes moyennes qui ne roulent pas sur l'or, dont ils sont l'archétype ! Les Pagny s'installent dans une maison Phénix, un de ces pavillons préfabriqués, bon marché mais confortables et solides.

Dans cette région vallonnée, le climat peut être rude en hiver. Le Morvan n'est situé qu'à quelques dizaines de kilomètres. Mais la riante nature s'avère propice aux activités de plein air, comme la pêche, qui devient bientôt l'un des loisirs favoris du jeune Florent.

Au sein de ce noyau familial très soudé, il apprend le bien-vivre en société. « La chose principale, c'est la bonne éducation qu'on a reçue, moi et mes frères et sœurs, sans que nous soit imposé quoi que ce soit. On a toujours été libres de choisir le chemin que l'on devait prendre en restant juste des personnes respectueuses et polies[1]. »

1. *Thé ou café*, Catherine Ceylac, France 2, 28 juin 2016.

Jean lui enseigne la rigueur, celle-là même dont il fait preuve dans son métier. S'il se montre parfois sévère, il reste toujours juste et bienveillant.

Dans sa chanson « Merci », qui figure dans son premier album sorti en 1990, Florent Pagny exprime sa reconnaissance parentale :

Maternité des berceaux, midi moins vingt
T'arrives sur cette terre
Tu n'y vois pas bien clair
Ils viennent de te donner la vie
Merci[1]

Ses parents lui ont apporté d'autant plus d'amour qu'ils ont été sur le point de le perdre.

« À un an, j'ai failli mourir de la variole. Mes parents ont eu très peur, et, du coup [...], j'ai été couvé, vivant en vase clos entre la maison et l'école[2]. »

L'enfant a la bougeotte, se blesse sans cesse. Dans le journal de Saône-et-Loire, sa mère avoue : « Florent était un peu turbulent. Il était très dur, il fallait tout le temps qu'il tombe. Combien de fois je l'ai emmené pour qu'on lui pose des agrafes ! »

Et le chanteur d'ajouter : « Quand j'étais jeune, ma mère a fait tous les pédopsychiatres qu'on pouvait rencontrer dans la région. J'étais un hyperactif, j'étais

1. « Merci » paroles et musique : Florent Pagny.
2. François Berriot, *Florent Pagny. Rester vrai*, L'Étoile du Sud, 1998.

un môme très très speed[1]. » Pourtant, Odile et Jean restent patients et l'acceptent tel qu'il est. Sa mère finit par ne plus s'inquiéter lorsque son fils se blesse.

L'hyperactivité, ou plus exactement le TDA/H (trouble de l'attention et de l'hyperactivité), touche 5 % des enfants et plus particulièrement les garçons. Elle se caractérise par l'inattention, l'agitation ou l'impulsivité.

Dans les années 1960-1970, cette maladie est mal diagnostiquée et mal soignée : pas de traitement à la Ritaline ni autre thérapie comportementale. Ce désordre neuronal constitue un véritable handicap sur le plan de la scolarité.

Imaginez le supplice qu'a dû vivre le petit Florent, assis devant son pupitre, alors qu'il n'a qu'une envie : bouger, bouger, toujours bouger, sortir de cette salle de classe, dans laquelle un maître ou une maîtresse l'oblige à porter son attention, qui sur une règle grammaticale, qui sur un théorème abscons.

Alors, sans doute s'évade-t-il dans sa tête en fredonnant *in petto* cette chanson de Gérard Lenorman, qu'il reprendra plus tard en duo avec son créateur :

Moi je vois tous les pays
Dans les yeux de mes amours
Et ma voix s'en va la nuit
Parfois plus loin que Singapour[2]

1. *Le Divan*, émission de Marc-Olivier Fogiel, France 3, 10 mars 2016.
2. « Si tu n'me laisses pas tomber », Gérard Lenorman, paroles : Pierre Delanoë, musique : Paul Broussard.

L'enfant supporte mal l'autorité pour l'autorité, les contraintes, la discipline. Il adopte une attitude qualifiée d'insolente et, surtout, il ne comprend pas qu'après huit heures de cours, maîtres et professeurs lui imposent d'apporter des devoirs à la maison. Il s'arrange toujours pour passer outre et les bulletins scolaires s'en ressentent.

Cette attitude rebelle et ces résultats peu brillants lui valent quelques colères paternelles et quelques admonestations méritées.

Ce parcours scolaire chaotique a fait de cet instinctif un autodidacte assumé. Mais il est difficile de comprendre le parcours du chanteur, si l'on n'intègre pas cette hyperactivité qu'il a domestiquée à sa manière et qui a déterminé nombre de ses choix.

Devenu jeune adulte, il trouve une automédication qui va stabiliser ce trouble un peu handicapant au quotidien. Toujours sur le divan rouge de Marc Olivier Fogiel, le coach de *The Voice* avoue fumer du cannabis tous les jours depuis trente ans. « Ça m'a stabilisé quand j'étais adulte parce que je gardais ce côté très nerveux et que, quelque part, ça m'a mis dans un état où, finalement, j'encaisse beaucoup mieux, beaucoup de choses » Malgré tout, l'enfant, doté d'une bonne nature, reste :

Heureux de vivre
Heureux de tout regarder
Heureux d'entendre, heureux de respirer[1]

Sa joie de vivre, sa sociabilité lui seront des atouts précieux lorsqu'en 1972, cette famille unie quitte Saint-Rémy et la Saône-et-Loire pour la Haute-Savoie et s'installe dans un grand appartement de Bonneville, charmante bourgade de 7 000 habitants, située à 30 kilomètres de Genève, dans la vallée de l'Arve.

Là, Jean a trouvé un emploi mieux qualifié et mieux payé. Il est modeleur et construit des moules en bois permettant de fabriquer des pièces de haute précision pour l'industrie. Ce travail minutieux relève du grand art.

Odile tient toujours un emploi de secrétaire, mais chez un huissier... Ironie du sort !

Mais se faire accepter dans cette ville où ils sont considérés comme des étrangers relève de la gageure. À l'école, ses camarades demandent à Florent d'où lui vient ce drôle d'accent. La famille, toujours aussi soudée, trouve la parade. Le chanteur se confie au micro de Sud Radio, dans *Les Clés d'une vie* de Jacques Pessis : « On ne connaît pas grand monde, alors on se dit que ça peut être sympa de participer à des fêtes populaires. »

1. « Heureux de vivre », paroles : Florent Pagny, musique : Marc Meunier, album *Merci*, 1990.

Chaque membre de la tribu investit son temps et sa bonne humeur dans les majorettes. Fêtes municipales ou corso fleuri, tout le monde tient son rang. Pendant le défilé, les sœurs, Marie-Pierre et Marie-Pascale, en jupette, font virevolter leur bâton avec maestria. Dans la fanfare, Frédéric, le grand frère, martèle le tempo à la grosse caisse tandis que Florent, coiffé d'un chapeau rouge, fait *sonner* les cymbales.

Odile et Jean, quant à eux, participent au comité d'accompagnement. Dans sa nouvelle vie bonnevilloise, grâce à sa sociabilité naturelle, à son humeur rieuse, il arrive à se faire quelques bons amis, ou plutôt quelques bonnes amies.

Il se fait également deux très bons copains, Frédéric Dantec et Thierry Dronne, deux déracinés, comme lui, avec lesquels il fait les quatre cents coups, mais rien de bien méchant.

S'il ne brille pas à l'école, il joue de ses atouts comme personne et, surtout, sait ce qu'il veut et souvent la chance lui sourit. Il est renvoyé du collège de Bonneville ? Qu'à cela ne tienne.

Il se retrouve pendant quelques mois en pension à Chamonix, dans une section sport études de la toute nouvelle cité scolaire d'altitude. Là, il perfectionne sa technique de ski mais son hyperactivité le rattrape et, jugé trop turbulent, il est renvoyé au bout de quelques mois.

À l'époque, 30 % des élèves d'une classe d'âge arrivaient jusqu'au baccalauréat.

Après la cinquième, ceux qui rencontraient des difficultés dans leur cursus scolaire, étaient orientés vers une filière professionnelle. Après trois ans, ils passaient un CAP (certificat d'aptitude professionnelle). À l'âge de seize ou dix-sept ans, ils entraient dans la vie active et devenaient ajusteurs, tourneurs-fraiseurs, coiffeurs ou comptables. C'était souvent des enfants issus de milieux populaires. À la fin de la troisième, les professeurs procédaient à un deuxième écrémage. Ils choisissaient ceux qui intégreraient la voie royale menant vers le bac et les études supérieures. Les autres rejoignaient une filière technique qualifiante, un brevet d'études professionnelles (BEP), ou quittaient l'école et entraient dans la vie active s'ils avaient atteint l'âge légal de 16 ans.

Florent connaîtra les affres de cette orientation, souvent non choisie : « – Vous prendrez bien une petite formation de sténodactylo ? – Non merci, sans façon ! Sa vie scolaire est une impasse. Mais il possède d'autres atouts : Très tôt, on doit identifier ses points forts. Et moi, mon point fort, ce n'était pas de faire des études [...] et d'avoir des diplômes. Mon point fort était ailleurs. Ça ne m'empêche pas aujourd'hui de passer du temps et d'avoir de belles conversations avec des gens qui ont beaucoup de diplômes[1]. »

1. *Thé ou café*, Catherine Ceylac, France 2, 28 juin 2016.

Son point fort, c'est le chant. « Après les défilés (de majorettes), il y avait toujours une petite scène. » Notre chanteur en herbe en profite pour se saisir du micro et pousser la chansonnette : « Ça me permettait de mesurer si j'avais du pouvoir. » Car Florent éprouve le besoin de se distinguer. « J'étais un môme pas très haut et qui passait un peu inaperçu. [...] Je n'étais pas blond aux yeux bleus. »

Heureusement, il a ce don, qu'il découvre à l'âge de dix ans et qui lui permet de se démarquer des autres enfants : il chante, naturellement, sans efforts. Sa voix est puissante et singulière, mais pas encore très bien placée. Elle est un peu trop grave pour un môme qui n'a pas encore mué. « À 10 ans, j'ai découvert que j'avais une voix un peu particulière. »

Chanter relève de la prédisposition génétique et de la tradition familiale chez Florent Pagny.

Sa grand-mère maternelle décède alors qu'Odile vient à peine d'atteindre l'âge de raison. Elle écrivait des comédies musicales pour la troupe de théâtre amateur de Montchanin, dont elle faisait partie. Son grand-père paternel, mort au front en 1940, possédait un organe vocal hors du commun. « Le père de mon père [...] était une énorme voix qui accompagnait les chœurs féminins dans les églises et ma grand-mère maternelle était quelqu'un qui aimait chanter et faire des spectacles, mais surtout, c'est ma mère qui me donne cet héritage parce que ma mère était une vraie grande chanteuse [...]. Mon influence de chant vient essentiellement de ma maman »[1].

La famille Pagny connaît l'accord parfait grâce à la musique. C'est leur trait d'union. À l'époque où tant de gamins sont biberonnés à la pop, au rock anglo-saxon, aux Beatles, aux Pink Floyd, à Elton John, l'enfance de Florent a été bercée par les airs d'opéra, la variété française et l'opérette avec les chansons sucrées de Francis Lopez, interprétées avec brio par Luis Mariano.

Sa mère, Odile, admire le ténor et communique cette passion à son fils cadet. Sa voix la prédisposait à devenir chanteuse d'opéra... son plus grand rêve ! Mais très vite elle a dû entrer dans la vie active.

À l'époque, il était difficilement envisageable qu'une jeune fille d'origine modeste pût monter à Paris et tenter le conservatoire. Son mariage avec Jean Pagny, les quatre enfants nés de cette union – Frédéric, Marie-Pierre, Florent et Marie-Pascale –, l'emploi de secrétaire juridique qu'elle exerce pour faire bouillir la marmite, le bonheur que lui procure cette vie familiale la font définitivement renoncer à son rêve. Bien sûr, toute sa vie elle chantera, mais elle n'en fera pas sa profession.

1. *Les Clés d'une vie*, Jacques Pessis, Sud radio, 27 septembre 2021.

Dès sa prime enfance, Florent agrémente les repas de famille en reprenant quelques succès des chanteurs de l'époque. Il affectionne particulièrement deux chansons de Gilbert Bécaud : « Quand il est mort le poète » ou « Le petit oiseau de toutes les couleurs ». « Tu me mettais à 5 ans sur une table et je te chantais la chanson juste et en mesure[1]. »

Alors qu'il a 10 ans, sa mère rentre à la maison et le surprend dans sa chambre en train de chanter du Luis Mariano avec le même vibrato que le ténor basque. Elle prend alors conscience de ce don que possède son propre fils : « Je la vois avec tellement de choses dans les yeux que je me rends compte que je viens de faire quelque chose qui va changer ma vie[2]. »

Les défilés de majorettes ne sont qu'un amuse-bouche. La future star fait ses premières armes à l'âge de 14 ans dans une vraie salle de concert, Le Luth, un cabaret restaurant, boîte de nuit situé dans les hauteurs de Bonneville, tenu par Marcel Dronne, un musicien accompagnateur qui a travaillé avec quelques grandes pointures de la chanson. Lors des scènes ouvertes, les Pagny s'y produisent en famille. Florent se fait remarquer avec ses interprétations de Luis Mariano. Les gens s'arrêtent de parler et se mettent à l'écouter puis

1. *Toujours libre. La Story de Florent Pagny*, documentaire CStar, 2016-2017.
2. *Ibid.*

à l'applaudir. « J'allais traîner dans une boîte de nuit qui s'appelait Le Luth. Elle était tenue par Marcel, un homme-orchestre. J'ai travaillé des chansons avec lui. J'étais devenu un peu la curiosité de la région[1]. »

Quarante ans ont passé. Par une belle après-midi ensoleillée du 26 octobre 2017, une cérémonie se tient à la mairie de Bonneville.

Florent Pagny, la seule gloire vivante de la cité, vient d'y être nommé citoyen d'honneur. Plus de quarante personnes sont là pour l'applaudir. Ils ont, pour la plupart, croisé son chemin au début des années 1970. À la fois amusé et flatté par le joli parchemin que lui remet fièrement le maire de la commune, il déclare : « Pour la symbolique, ce diplôme, pour moi qui n'ai pas brillé dans les écoles d'ici, c'est cocasse ! » Puis il raconte comment, ayant un peu abusé de la sangria, poussant très haut la chansonnette sur la place du village, il a été débauché par un groupe de Suisses en goguette, sortant d'un restaurant chic, et amené en bus en Helvétie toute proche.

Après quelques goualantes, il est récompensé en monnaie sonnante et trébuchante. Quand il rentre à la maison, il crie : « Maman, maman, regarde ! Et là, elle se retrouve avec un coffret d'or qui lui tombe sur

1. *Le Dauphiné*, 17/ novembre 2010.

la table de la part du gamin qui était juste parti faire un petit tour sur la place[1]. » Bonneville, ce sont ses premiers succès de chanteur : « Je n'ai fait que passer, mais c'est ici que j'ai découvert que j'avais une voix spéciale, qui pouvait changer mon environnement[2]. »

---

1. Enregistrement MP3 disponible sur le site internet de radio Mont-Blanc.
2. *La Savoie*, 26 octobre 2017.

3

Je trace

C'est jour de fête, ce 2 juin, au bord du lac d'Annecy.

Le prologue du 27ᵉ Critérium du Dauphiné libéré Super Prestige Pernod 1975 a pris pour décor la préfecture de la Haute-Savoie. Cette année-là, la course cycliste comporte neuf étapes et un prologue.

Parmi les grands champions du moment, Bernard Thevenet, Joop Zoetemelk, Freddy Maertens, Francesco Moser et l'inusable Raymond Poulidor vont s'expliquer sur les routes escarpées des Alpes du Nord, du Forez et du sud de la Bourgogne. Ces neuf étapes difficiles augurent un tour de France fort disputé, car cette année, le coureur belge Eddy Merckx n'est plus le roi des pelotons. Qui va prendre la relève ?

Un régional de l'étape va s'y faire remarquer. Il porte des cheveux mi-longs à la Stone[1], une frange qui lui mange le front. Son sourire radieux fait apparaître de petites fossettes et les dents du bonheur. Il habite à 40 kilomètres de là. Il ne chevauche pas de vélo de compétition. Mais il a la détermination et la ténacité d'un grand champion cycliste. Bernard Thévenet, qui remportera cette année-là le Dauphiné puis le tour de France, n'a qu'à bien se tenir ! Du haut de son mètre quarante et quelques poussières et de ses (presque) 14 ans, Florent vient glaner sa part de gloire. Il sort à peine de l'enfance mais sa voix barytone déjà.

Un podium est dressé sur la place et, après la course, dans une ambiance de kermesse, des animations sont proposées aux habitants des villes étapes. L'une des plus prisées : un concours de chanteurs amateurs, « Le dauphin de la chanson », un radiocrochet non radiodiffusé. Quelques centaines de spectateurs choisissent chaque soir, parmi une dizaine de candidats, celui ou celle qui a poussé le mieux sa chansonnette.

Sur le podium, dans un climat bon enfant, viennent s'époumoner, une soprano de salle de bains, un ténor de fin de banquet, un Sardou du samedi, un Lenorman du lundi, une Michèle Torr du mardi, un Hallyday du jeudi... Le vainqueur est désigné à l'applaudimètre. Il remet son titre en jeu lors de l'étape suivante.

1. Nom que l'on donnait, dans le milieu des années 1970, à cette coupe au carré avec une frange qui couvre tout le front, très à la mode à l'époque, et que portait avec grâce Annie Gautrat, plus connue sous le nom de Stone... eh oui celle de Charden, de *L'Avventura* et du *made in* Normandie.

L'animateur de ce divertissement, Zappy Max, a été l'un des anciens présentateurs vedette de Radio Luxembourg, rebaptisée RTL neuf ans auparavant. En 1966, les speakers qui avaient fait les grandes heures de la station sont évincés sans ménagement, au grand dam des fidèles auditeurs, dont les protestations n'ont pas empêché le renouvellement total de la grille des programmes.

Parmi les sacrifiés, Zappy Max a migré sur RMC, la radio qu'on écoute dans le sud-est de la France. Il y a repris son jeu à succès, « Quitte ou double » et, accessoirement, il anime ce radiocrochet, RMC étant l'un des sponsors du critérium.

Ce 2 juin 1975, il voit débarquer un adolescent haut comme trois pommes, souriant, mais déjà sûr de lui. L'animateur lui demande son âge.

« — J'ai 14 ans, répond le gamin.

En fait, il ne les a pas encore.

— Excuse-moi, mon bonhomme, mais tu ne peux pas concourir. La loi interdit aux moins de 16 ans de se produire sur un podium en plein air, lui répond le présentateur[1]. »

Des voix s'élèvent dans le public, prenant la défense du jeune Florent. Certains le connaissent et l'ont déjà entendu chanter. Les spectateurs insistent et l'animateur finit par céder.

1. *Toujours libre. La Story de Florent Pagny*, documentaire CStar, 2016-2017.

— Quand on te demandera ton âge au micro, tu répondras que tu as 16 ans, mais que vas-tu chanter ?

— Je vais chanter du Mariano !

Houlà, du Mariano ! Qui ne s'est pas égosillé en beuglant « Mexiiiiiiiiico » après un repas bien arrosé ? Pas vous ? Moi, si.

Le ténor basque espagnol fut, dans les années 1950, l'idole des jeunes filles en fleur et de leurs mamans dans les pays francophones et en Amérique latine. Doté d'un organe vocal hors pair, il eût pu chanter des grands airs d'opéra, mais les sacrifices que cela requiert l'ont fait renoncer à devenir une grande voix du lyrique : un choix similaire à celui qu'un certain Florent Pagny fera plus tard. Dans l'immédiat après-guerre, l'opérette légère, ancêtre de la comédie musicale, est à la mode, tandis que l'opérette à grand spectacle, qui a connu ses heures de gloire dans les années 1930, trouve un nouveau souffle avec *La Belle de Cadix* de Francis Lopez, qui fera de Luis Mariano la nouvelle star de cette époque.

Sur la scène du Dauphiné libéré, Florent entonne « La fiesta bohémienne » extraite de cette fantaisie musicale :

C'est la fiesta bohémienne
Les romanis, les gitans
Qu'ils soient d'Espagne ou de Vienne
Sur les chemins vont chantant

Sa voix, qui ne s'est pas détériorée après la mue, est un modèle de fluidité et de justesse Il a d'ailleurs gardé la même tessiture, qui faisait sa singularité quand il était enfant. Il tient ses notes dans les aigus. Les spectateurs sont bluffés. Zappy Max en reste baba.

Le jeune Florent triomphe à l'applaudimètre et remporte le concours haut la main. Après avoir recueilli l'assentiment d'Odile, la mère de notre chanteur en herbe, le présentateur décide de l'amener à Mâcon. Le jeune Florent jubile. Et dans chaque ville, même rengaine : l'applaudimètre fait de lui le « Dauphin de la chanson ».

Il suit la caravane : au Creusot, à Monceau-les-Mines, à Saint-Étienne, à Valence, à Grenoble, où, selon le *Dauphiné* il doit affronter des concurrents sérieux.

Mais à Avignon, à l'arrivée, il y a trois vainqueurs : Bernard Thévenet, qui porte le maillot à pois blancs du classement général, le Belge Freddy Maertens, qui a gagné l'étape et… Florent Pagny, qui a réussi à garder son trophée de Dauphin de la chanson tout au long de cette mini-tournée, dans laquelle il a pu tester sa toute nouvelle popularité.

En 2021, sur l'antenne de Sud Radio, le chanteur, un tantinet goguenard, décrit dans une punchline son unique victoire dans une course cycliste : « J'ai gagné le Dauphiné sans donner un seul coup de pédale[1]. »

1. *Les Clés d'une vie*, Jacques Pessis, Sud radio, 27 septembre 2021.

Le quotidien régional *Le Dauphiné libéré*, sponsor média historique et organisateur du critérium, lui consacre chaque jour un article.

Tout Bonneville se passionne pour les exploits de l'enfant du pays. Pendant une semaine et demie, l'adolescent devient une vedette sur le parcours du critérium. Pris en charge par l'organisation de la course, il suit l'étape du jour dans une voiture avec chauffeur. Pendant neuf nuits, il couche à l'hôtel. Une vie de star ! Et Florent, tout sourire, de goûter à ce précieux bonheur. Il voit se dessiner cette voie royale qui s'ouvre devant lui. Il prend pleinement conscience que ce don prodigieux que dame nature lui a offert, ne le laissera plus jamais démuni.

La voix est bel et bien sa voie. Il ne reste plus qu'une seule décision à prendre : tracer sa route et ne jamais dévier, y aller au culot, s'imposer, comme il l'a fait à l'occasion de ce concours de chant, forçant son destin. Sa mère, Odile, sera sa principale alliée dans ce dur combat qui s'annonce. Malgré son jeune âge, Florent, loin d'être grisé par ce succès prometteur, mesure les obstacles à surmonter, même s'il les sous-estime encore un peu.

En bon monomaniaque, il chante soir et matin, imitant le vibrato de Mariano, poussant la note dans les aigus sur des chansons de Sardou, s'essayant à l'opéra, dérangeant parfois le voisinage.

En juin 1976, il refait un petit tour au critérium du Dauphiné, où il reprend un autre succès extrait de *La Belle de Cadix* : « Chanter, chanter, chanter pour vous, voilà ma vie ».

Jamais il n'envie les vedettes qu'il voit à la télé. Il sait qu'il est chanteur à part entière. Force est de constater que, toute charmante qu'elle soit, sa bonne ville ne lui offre que des débouchés limités. Il ne sera ni dactylo ni ouvrier qualifié ; son destin est ailleurs, inscrit en lettres capitales mais il est trop jeune encore.

Et puis, il y a la belle Hélène, la sœur de son meilleur ami, Frédéric, blonde comme les blés, qu'il aime d'un amour platonique, mais qui ne lui dira jamais « oui » car il n'est pas son genre. Dans le domaine sentimental, Florent restera un éternel romantique. « Aujourd'hui, je me dis que si nous étions sortis ensemble, [...] je l'aurais certainement moins aimée[1]. »

À la fin de ses années de collège, il est décidé à sauter le pas.

Il laisse la classe de troisième dans l'état où il l'a trouvée, sans même prendre le temps d'aller jusqu'au bout de sa scolarité. Tant pis pour le brevet. Il est pressé. Paris n'attend pas : « Mes chers parents je pars[2]... »

1. François Berriot, *Florent Pagny. Rester vrai, op. cit.*
2. Michel Sardou, « Je vole », paroles : Michel Sardou / Pierre Billon, musique : Michel Sardou.

Mais contrairement à la chanson de Sardou, il prend sa décision en parfaite concertation avec ses géniteurs. Il est si persuasif ! Odile le comprend. Elle a dû autrefois renoncer à son rêve. Hors de question que son fils reproduise le schéma maternel ! « J'ai un peu joué là-dessus (pour la convaincre). Je me suis dit : [...] "Je t'explique que je vais essayer d'aller faire ce que tu n'as pas su faire ou ce qu'on t'a empêchée de faire mais je voudrais voir si mon destin m'y amène." Elle m'a regardé en me disant : "Bien sûr, je vais te soutenir", car elle se rappelait ses frustrations[1] », explique-t-il, dans son style inimitable, au micro d'Isabelle Morizet.

Odile Pagny croit en son fils. Elle lui fait confiance. Avec l'assentiment de son époux, elle va lui donner la liberté nécessaire pour qu'il puisse tracer son chemin. Elle a compris qu'avec la voix qu'il a, Florent peut aller très loin. Elle va lui offrir la clé de sol lui permettant de faire ses premières gammes, cette clé magique ouvrant tant de portes. À travers lui, c'est comme si elle accomplissait son propre destin par procuration.

Toutefois, elle est bien consciente que pour atteindre le sommet, il doit perfectionner sa technique de chant. Il doit apprendre, apprendre et encore apprendre.

Mais dans quelle école peut-elle l'inscrire ? La famille ne connaît personne à Paris. Une jeune fille, qui

1. *Il n'y a pas qu'une vie dans la vie*, Europe 1, 23 octobre 2021.

chante au même endroit que Florent, lui recommande Ines Gaetan, la directrice du conservatoire de Levallois-Perret.

Née en 1920 à Perpignan, Berthe Brutus, dite Ines Gaetan, n'était pas destinée à une carrière lyrique et encore moins à devenir professeure de chant. Après le baccalauréat, elle intègre une école de journalisme, profession qu'elle exercera pendant six ans, mais sa vocation est ailleurs, puisqu'elle excelle également dans la musique. À la fois douée pour le solfège, le chant lyrique et le piano, elle collectionne les prix et les médailles dans ces trois spécialités.

En 1939, elle épouse Manuel Gaetan, patronyme qu'elle garde comme nom de scène. Elle se produit en tant que cantatrice dans les théâtres francophones les plus prestigieux : La Monnaie de Bruxelles, mais également à Strasbourg, Lyon, Bordeaux, Metz, Alger, Liège et Gand.

Avec sa tessiture de mezzo-soprano, elle chante dans diverses productions lyriques, avant d'être recrutée en 1965 par le maire adjoint à la culture de Levallois-Perret pour créer, puis de diriger le conservatoire de musique de la ville. Elle y est également professeur de chant lyrique jusqu'en 1982, date de son décès.

Pour l'heure, Ines Gaetan reçoit Florent dans son bureau où il est venu avec sa mère. Ils essuient d'abord un refus catégorique. Elle se tourne vers Odile Pagny et lui dit en substance : « Ici on donne des cours de chant classique. Or, pour travailler le lyrique, il faut attendre qu'un homme ait atteint l'âge de 18 ou 20 ans pour que sa voix soit placée. Il faut qu'il ait fini de muer. Votre fils est trop jeune. Je ne peux rien faire pour lui ! »

Florent a un peu moins de 16 ans. Encore deux ans ! Deux ans à se morfondre ! Deux ans, c'est une vie entière pour notre chanteur en herbe !

Tandis que sa mère commence à remballer ses affaires en s'excusant presque d'être venue, Florent, sentant que la situation lui échappe, se lève. Il interpelle Ines Gaetan : « Je viens de Haute-Savoie, à l'autre bout de la France, je n'ai pas fait toute cette route pour qu'on refuse de m'écouter. Maintenant que je suis dans votre bureau, vous devez m'écouter ! »

La détermination de l'adolescent surprend la directrice du conservatoire, qui a l'intelligence de réviser ses positions : « Vous avez raison, puisque vous êtes venu de loin, la moindre des choses, c'est que je vous écoute. » Après avoir rejoint la salle de cours, elle s'installe au piano et lui fait faire des gammes. Puis il chante une chanson de Luis Mariano. Elle le regarde : « Arrêtez de serrer dans le nez, comme Mariano. Élargissez, soyez plus opératique, faites-moi le son qui est le plus proche de ce que vous êtes[1]. » L'adolescent, a bien compris

1. *Les Clés d'une vie*, Jacques Pessis, Sud radio, 27 septembre 2021.

ce qu'elle veut. Il donne tout. La professeure de chant, très étonnée, s'écrie : « C'est incroyable, votre voix est placée. Vous devez chanter. Je vous garde. »

Florent Pagny a tout appris pendant ses trois années passées au conservatoire.

Sa formation classique lui permet aujourd'hui d'aborder tous les répertoires et de chanter des heures durant sans se casser la voix. Il n'a malheureusement pas eu l'opportunité d'exprimer sa reconnaissance envers Ines Gaetan. « Alors que j'étais devenu célèbre et que je voulais la remercier, on m'a dit qu'elle était morte. J'ai pensé : "Tu es un petit con, t'aurais pu aller la voir au moins une fois et la remercier[1]." »

Mais ces trois années capitales sont aussi celles des galères, même si sa débrouillardise lui a toujours permis de retomber sur ses pieds. Le chanteur préfère parler d'années d'apprentissage. En 2016, il se confie à Catherine Ceylac, dans l'émission *Thé ou café* : « C'est la vie qui m'a donné des cours. »

Il a 15 ans et demi. Ses parents ont accepté de l'accompagner en voiture dans la ville lumière. Mais ils l'ont déposé loin de la lumière, à Ménilmontant, à la porte de l'Armée du salut.

1. François Berriot, *Florent Pagny. Rester vrai*, *op. cit.*

L'organisme d'obédience protestante, reconnu d'utilité publique depuis 1931, n'héberge pas seulement des sans-abri. Il permet aussi à des jeunes gens qui disposent de moyens modestes et qui n'ont pas de point de chute dans la capitale de se loger et de se nourrir à bon compte.

L'organisation militaire de cette structure d'hébergement donne à l'adolescent l'encadrement nécessaire qui rassure Jean et Odile. En même temps, il conserve une certaine autonomie. Il est libre de ses mouvements et dispose d'une chambre individuelle. Il n'a pas encore 16 ans et, comme la loi l'impose, il doit donc poursuivre sa scolarité.

Il est inscrit dans un lycée technique à Bezons, dans le Val-d'Oise, où il suit la même formation que son père : le modelage sur bois. Chaque jour, il s'engouffre dans un train de banlieue et traverse tout Paris pour rejoindre son école. Rattrapé par sa phobie scolaire, il n'y reste que deux mois. Même topo pour le cours de théâtre grâce auquel il espérait acquérir les bases du métier de comédien. Il jette l'éponge au bout de deux semaines, car ça lui rappelle trop l'école... Le conservatoire ? Trop tôt. La saison n'a pas encore commencé.

Le voici, traînant ses guêtres et sa solitude, arpentant le dédale des rues parisiennes et côtoyant parfois Dame misère. Dans la chanson « Et un jour une femme » (2000), un des plus grands tubes de Florent Pagny, le parolier Lionel Florence décrit en quelques mots ce que notre apprenti chanteur a vécu à ce moment de sa vie :

Je trace

D'avoir passé des nuits blanches à rêver
Ce que les contes de fées vous laissent imaginer
D'avoir perdu son enfance dans la rue
Des illusions déçues
Passer inaperçu[1]

Il passe des journées entières sans parler à personne.

Pour celui qui a toujours eu des interactions sociales, tant familiales qu'amicales, l'anonymat de la grande ville devient pesant. Il est à court d'argent. Il craque. Il appelle ses parents. Il est en larmes. Il rentre à la maison.

S'immergeant pendant deux semaines dans la chaude douceur du cocon familial, il retrouve ses forces et son espoir renaît. Le mot « échec » n'est pas gravé dans son logiciel.

Conscient des épreuves qui l'attendent, il repart à Paris, bien décidé à en découdre pour atteindre son objectif. Il enchaîne les petits boulots. Ses parents lui donnent un peu d'argent au début, mais il est conscient que leurs moyens sont modestes Aussi fait-il en sorte de ne pas solliciter leur aide financière.

Il commence à travailler à 16 ans. « Après je me suis toujours débrouillé[2] », confie-t-il à Isabelle Morizet. Il ne vit pas son adolescence. Il passe sans transition de

---

1. « Et un jour une femme », paroles : Lionel Florence, musique : Pascal Obispo.
2. *Il n'y a pas qu'une vie dans la vie*, Europe 1, 23 octobre 2021.

l'enfance à l'âge adulte. Odile vient le voir régulièrement mais, même s'ils se soucient de lui, son père et sa mère le laissent libre de mener son existence comme il l'entend.

Il trouve une chambre de bonne qu'il paie grâce à son emploi de commis de restaurant dans le 2e arrondissement qui marque son entrée dans la vie active. Les journées sont interminables et harassantes : il doit trimer dix heures d'affilée pour un salaire de misère. Il trouve assez rapidement un travail plus gratifiant : courtier en publicité. Ce métier lui apprend l'art de la négociation. Il doit traiter d'égal à égal avec une clientèle haut de gamme, des PDG, des cadres supérieurs. Très formateur ! « J'ai appris à prendre le téléphone et à être un petit peu plus vendeur, à parler à des gens qui avaient un autre niveau d'éducation que moi, à trouver la façon de m'exprimer[1]. » Il se découvre un talent de négociateur commercial. Il finit par toucher de bonnes commissions et bien gagner sa vie. Il se fait plaisir : il s'achète des fringues, s'offre des voyages, passe des nuits à s'éclater en boîte et, comme il est d'un naturel généreux, ses amis profitent de ses largesses.

Sans doute eût-il pu faire carrière dans le commercial, mais là n'est pas sa vocation. En tout cas, cette expérience lui servira plus tard, quand il deviendra entrepreneur de spectacles.

1.

Un couple lui confie la garde de ses deux bébés, l'héberge pendant six mois et il devient baby-sitter à plein temps. Une sacrée responsabilité, un autre apprentissage.

Pendant que monsieur et madame sont au travail, il doit biberonner, changer les couches, se charger du bain et faire les courses. « J'adorais ça. Avoir cette responsabilité à dix-sept ans et devoir rester vigilant, ça m'a beaucoup enrichi[1]. »

Quel que soit son gagne-pain, Florent Pagny ne cède pas aux tentations auxquelles peut être confronté un adolescent paumé dans la jungle des villes. La frontière est parfois difficilement visible, mais jamais il n'ira traîner dans le quartier de la mauvaise graine.

S'il flirte parfois avec les interdits, il reste fidèle à son objectif fondamental : devenir chanteur coûte que coûte. Il a conclu un pacte non écrit avec Odile et Jean et doit être digne de la confiance qu'ils lui ont portée et ne jamais dévier.

Et surtout, la voix, c'est son rêve en chantier. Pour pouvoir le vivre, il est prêt à soulever des montagnes. Le jour, il vend de la publicité. Le soir, il se rend pour perfectionner sa technique de chant au conservatoire de Levallois-Perret où il côtoie des jeunes gens de bonne famille. Neuilly-sur-Seine n'est pas loin et, dans les années 1970, Levallois, cette ancienne ville industrielle

1. François Berriot, *Florent Pagny. Rester vrai*, *op. cit.*

où étaient implantées les usines Citroën, a déjà entamé son processus de gentrification.

L'élève Florent Pagny est tellement doué que ses professeurs le poussent à intégrer le Conservatoire national de musique de Paris, mais rattrapé par sa phobie scolaire, il décline l'offre.

Quand, dans son émission *Il n'y a pas qu'une vie dans la vie* diffusée le 23 octobre 2021 sur Europe 1, Isabelle Morizet lui demande pourquoi il a refusé cette proposition, il répond cette phrase laconique : « Parce que je ne voulais pas retourner à l'école ! » Mais il y a d'autres motifs.

Précisons qu'une carrière de chanteur d'opéra nécessite un certain nombre de sacrifices. L'excellence étant de mise, il faut connaître le solfège sur le bout des doigts et donner des spectacles marathoniens. C'est pourquoi rares sont les chanteurs d'opéra célèbres qui ont moins de 35 ans. Or, Florent est pressé de brûler les planches et ne souhaite pas se cantonner à un style musical. Et puis, quarante ans plus tôt, l'idole familiale, Luis Mariano, n'a-t-il pas fait le même choix que lui ?

Ines Gaetan est déçue car, à cette époque, le modeste conservatoire de Levallois-Perret n'a pas souvent l'occasion de présenter l'un de ses élèves à un concours national. Il n'empêche que, sans elle, la carrière de chanteur de Florent Pagny n'aurait sans doute pas été ce qu'elle a été. Elle n'aura malheureusement pas vécu assez longtemps pour le voir chanter en duo un air d'opéra célèbre avec le plus grand ténor du monde, auquel il a réussi à tenir tête. Sans doute aurait-elle été fière de son élève.

De son côté, Florent continue de tracer sa route, quitte à emprunter pour cela des chemins de traverse.

4

De Châtelet-les-Halles à l'écran noir de mes nuits blanches

Florent a 18 ans, la tête pleine d'espoir et de chansons. Mais c'est le cinéma et la télévision qui lui permettront de sortir de l'anonymat.

1979. La génération des baby-boomers commence à s'installer aux manettes. Après mai 68, la société s'est peu à peu décorsetée. La chrétienté perd de son influence. Les mœurs se libèrent. Bientôt, avec l'arrivée de la gauche au pouvoir, l'homosexualité sera dépénalisée. Les bonbonnières cachées derrière leurs volets clos, situées pour la plupart rue Sainte-Anne, pas loin de l'opéra, et dans lesquelles se retrouvent quelques « folles honteuses » en quête d'amours éphémères, ferment les unes après les autres. Des boîtes s'ouvrent çà et là, du côté de Châtelet-les-Halles, brassant des populations ouvertement gays et des citadins hétérosexuels un peu branchés, que l'on pourrait qualifier aujourd'hui de « métrosexuels ».

La plus célèbre d'entre elles est le Broadway Melody qui deviendra le Broad. Florent Pagny, avec son look de jeune minet, y est embauché comme barman. Il concocte des cocktails au son du funky. Dans ce lieu underground et assez prisé, il est amené à croiser des gens de la mode, des arts et du spectacle.

Parmi les habitués, Dominique Besnehard. S'il n'a pas encore atteint le statut d'incontournable agent de stars, il commence à se forger sa réputation en tant découvreur de talents. Il est l'un des premiers à pratiquer le casting sauvage. Ses futures vedettes, il les déniche dans les lieux du quotidien, dans la rue, dans les bars.

Ce soir, il recherche celui qui devra incarner le facteur dans *Diva*, le premier long-métrage du réalisateur Jean-Jacques Beineix. Il s'agit du rôle principal. Il espère trouver la perle rare parmi les clients de la boîte de nuit et, tout naturellement il s'adresse au barman pour lui demander si, par hasard, il n'aurait pas repéré un garçon de 18 ans, ayant suffisamment de tempérament et une gueule de jeune premier pour interpréter le rôle de ce postier passionné d'opéra et fasciné par une diva.

Florent y voit tout de suite une opportunité. Avec toute sa force de persuasion, il trouve les arguments pour démontrer à Besnehard qu'il est l'homme de la situation. Il commence à le « baratiner, à lui prendre la tête.

— C'est drôle ce que tu me racontes, car, tu sais, je chante de l'opéra !

— Ah oui, de l'opéra ? Comme c'est curieux, comme c'est bizarre et quelle coïncidence !

— Eh oui, c'est mon truc… le jeune facteur, c'est moi[1] ! »

Le jeune directeur de casting de 26 ans, séduit par sa gueule d'ange et sa force de conviction, le prend rapidement sous son aile. Florent est à deux doigts d'obtenir le rôle mythique du fonctionnaire à casquette, mais il est recalé dans la dernière ligne droite. Le réalisateur lui préfère Frédéric Andrei, qui a déjà tourné quelques films en tant qu'acteur et qui appartient à la grande famille du cinéma (il est le fils du réalisateur Yannick Andrei). Même s'il a été séduit par le charisme du jeune Pagny, qui est assurément le personnage, la productrice, Irène Silberman, prend peur quand il s'agit de confier ce rôle crucial à un parfait débutant. Et puis, ce titi parisien à la syntaxe approximative est décidément trop sûr de lui.

Florent Pagny enrage, trouve cette situation injuste. Il doit faire contre mauvaise fortune bon cœur et

1. *Toujours libre. La Story de Florent Pagny*, documentaire CStar, 2016-2017.

se met à courir les castings. Il intègre l'agence artistique Marceline Lenoir, une agence de renom qui lui permet d'enchaîner les figurations. Il sait ce qu'il veut et comment l'obtenir. Il n'a certes pas suivi de formation pour être comédien mais son regard transperce la caméra. Il a une présence. Il crève l'écran.

L'espoir de tenir le premier rôle dans un film marquant s'est dissipé, comme se dissipent les volutes de fumée dans ses nuits parisiennes. S'estompe le rêve. Il va falloir faire ses classes, s'imposer, saisir la moindre opportunité.

Sur le tournage de *L'Inspecteur la bavure* en 1980, il sympathise avec Coluche, avec qui il partage la passion des motos. Lui, le petit figurant, va pouvoir dire sa première réplique alors que ce n'était pas prévu : « Je devais faire de la figuration. J'étais à côté de Richard Anconina qui avait une phrase qui ne lui plaisait pas du tout. Il m'a demandé si ça m'amusait de la faire[1]. » Une telle proposition ne se refuse pas, même si la réplique en question, « Nous avons les moyens de vous faire parler », semble à première vue tartignolle, même dans un film comique.

Mais une épée de Damoclès menace sa jeune carrière. Au début des années 1980, les p'tits gars de 20 ans doivent consacrer un an de leur vie à la nation. Et Florent a justement l'âge du rôle. Il vaut mieux éviter de commettre la même erreur que Michel Sardou qui,

1. Playlist CV.

quinze ans plus tôt, s'est retrouvé dans un camp disciplinaire pour avoir oublié de se faire recenser.

Le jeune comédien ne peut pas se permettre de perdre un an pour servir sous les drapeaux. Il sera plus utile à distraire les gens. Il prend les choses en main. Comme il a de l'entregent et du culot, il arrive à avoir l'oreille de ces « messieurs qu'on nomme grands ».

Après avoir fait ses trois jours de présélection militaire, il est réformé P4, indicateur barbare qui signifie que des troubles graves de la personnalité l'empêchent de s'intégrer au sein de la Grande Muette[1]. Son hyperactivité, peut-être ? Sans doute, mais d'après Odile Pagny, interrogée par Éric Le Bourhis[2], le ministre de la Culture de l'époque, Jack Lang, ne serait pas étranger à cette exemption.

De panouilles[3] en panouilles, il finit par décocher, à partir de 1981-1982, quelques petits rôles dans des films à succès, comme *L'Honneur du capitaine de Pierre Schoendoerffer* où il joue… un soldat.

Dans *La Balance* de Bob Swaim, il interprète un jeune flic. Pendant le tournage d'une scène de bagarre, Tchéky Karyo (très actor studio dans la peau d'un truand complètement disjoncté) lui donne un coup de

1. Périphrase qui désignait l'armée qui, n'ayant pas le droit de vote sous la Troisième République, n'avait donc qu'un droit : la fermer.
2. Éric Le Bourhis, *Florent Pagny. Portrait d'un éternel rebelle*, Paris, Prisma, 2014.
3. Mot d'argot signifiant « figuration ».

boule mémorable qui manque de l'amener aux urgences. Le métier de comédien n'est pas de tout repos !

Cet épisode n'empêchera pas Florent Pagny de tourner avec ce même comédien quelques années plus tard. *L'As des as*, dans lequel il donne la réplique à Jean Paul Belmondo, fait la fierté de ses parents et le réalisateur, Gérard Oury, ne tarit pas d'éloges sur le jeune acteur, qui incarne un boxeur faisant partie de l'équipe de sportifs que Bébel doit amener aux jeux olympiques de Munich en 1936 : « La justesse de ton de ce garçon qu'était Florent Pagny m'a surpris. Je me suis dit : celui-là, il va faire quelque chose ! »

Mais las, le jeune premier enchaîne les petits rôles, sans vraiment se démarquer. Il prend bien la lumière mais sans jamais briller.

En 1984, il est le frère de Gérard Depardieu dans *Fort Saganne* d'Alain Corneau.

La même année, dans *Les Fauves*, il donne la réplique à Daniel Auteuil et Philippe Léotard dans un polar violent dans lequel il interprète un homosexuel.

En 1986, on le retrouve aux côtés de Jane Birkin et Christophe Malavoy dans *La Femme de ma vie* de Régis Wargnier. Puis, l'année suivante dans *Les keufs* le film de Josiane Balasko, il campe un maquereau.

Des troisièmes rôles, toujours des troisièmes rôles ! Sauf un.

En 1981, dans *Les Surdoués de la première compagnie*, un gros nanar, dans le genre comique troupier qui tache, le protégé de Dominique Besnehard campait un bidasse aux cheveux longs (cherchez l'erreur !). Quatre ans plus tard, son réalisateur, Michel Gérard, lui fait une proposition que Florent accepte aussitôt : celle de coécrire, avec le comédien Jacques Penot, le scénario de *Blessure,* un film décrivant, au fil des nuits banlieusardes, une jeunesse rock'n'roll qui évolue dans le monde des motards et l'enfer de la drogue.

Il s'octroie le premier rôle et Patricia Millardet, sa petite amie de l'époque, qui vient de cartonner dans *La Piovra*, une série italienne, diffusée sur Rai Uno, puis partout dans le monde, incarne son amoureuse.

Ayant plus ou moins carte blanche sur le casting, il y fait aussi jouer son ami, le jeune comédien belge Riton Liebman. Il débauche même ses parents, ravis d'apparaître dans une scène du film de leur fils. Bien sûr, les succès public et critique ne sont pas au rendez-vous. Pourtant, trente-sept ans plus tard, le chanteur assume cette expérience cinématographique : « Le film était en avance sur son temps. [...] Aujourd'hui, on peut se dire : "Il est presque intemporel. Il fonctionne encore[1]." »

Avec son cachet, il finance l'enregistrement de la chanson extraite de la bande originale du film, intitu-

1. *Les Clés d'une vie*, Jacques Pessis, Sud radio, 27 septembre 2021.

lée « Boomerang », dont les paroles sont signées Boris Bergman – l'auteur des premiers succès de Bashung.

Ce titre, presque heavy metal, premier enregistrement phonographique du chanteur, reste un collector, car Pagny, qui en est le producteur, refuse de le défendre. « RCA l'avait pris en distribution. » Si cette chanson, gravée sur 45 tours, est en phase avec l'état d'esprit du film, elle ne correspond pas à l'univers du chanteur. « Je n'avais pas envie de défendre l'image un peu limitée du loubard-cuir-moto. [...] je ne souhaitais pas que la chanson existe au-delà du film. » Au vu de la carrière du chanteur, ce choix stratégique se justifie pleinement. *Blessure*, qui n'est resté qu'une semaine à l'affiche, constitue une exception dans la filmographie de Pagny.

Quand il évoque aujourd'hui ses expériences au cinéma, avec la lucidité qu'on lui connaît, il se définit comme « le Poulidor des castings ». Il fait également ce subtil distinguo entre le comédien, qui oublie sa personnalité propre pour se glisser dans la peau d'un personnage, et l'acteur, qui apporte son charisme, sa prestance, sa manière d'être, de bouger.

En quelque sorte, si l'on peut se permettre cette métaphore, le comédien serait un appartement vide, tandis que l'acteur serait un meublé. « Je ne suis pas un vrai comédien. Je peux être un acteur. Je peux acter ce que je suis. Si je suis proche de ma personnalité, je peux être pas mal[1]. » En somme, dans sa manière d'incarner les personnages, il est plus proche d'un Gabin ou d'un Ventura que d'un Philippe Noiret ou d'un Galabru. Mais il lui manque toujours une marche ou deux pour accéder au statut de vedette. Et puis sa vocation est ailleurs : « Mon point fort était plus le chant que la comédie[2]. »

La télévision lui permet de concilier ces deux métiers. Le jeudi 27 mai 1982, on peut le voir, habillé d'un pull-over vert flashy, qui chante, danse, joue la comédie, dans *Télé folies, tous en chaîne*, une comédie musicale réalisée par Jean-Pierre Alessandri, tournée dans les studios des Buttes-Chaumont et diffusée à une heure de grande écoute sur Antenne 2.

Derrière son côté divertissement populaire se cache une œuvre pédagogique, tentant de convaincre les téléspectateurs des vertus de la réforme de la loi sur l'audiovisuel. Pas de quoi passionner le téléspectateur. S'il connaît un flop d'audience, ce programme, où il excelle dans les parties chantées, permet à Pagny de faire sa première apparition sur nos étranges lucarnes[3].

D'horribles arrangements synthétiques, façon orgue Bontempi, accompagnent les compositions signées Jack Harel, qui n'ont pas laissé une trace impérissable, mais

1. *Ibid.*
2. *Ibid.*
3. Métaphore utilisée par le *Canard enchaîné* pour désigner la télévision. Cette expression est passée depuis dans le langage populaire

Florent n'en a cure. Il a 20 ans, de l'enthousiasme à revendre, et, comme il suscite d'emblée la sympathie, ce tournage lui permet de se constituer une bande de copains et, peut-être aussi, de trouver l'embryon de sa future équipe.

Les rencontres faites sur les plateaux de tournage se transformeront plus tard en collaborations, car l'interprète de « Savoir aimer » reste souvent fidèle dans ses relations de travail. Redha, ce danseur qui a créé sa compagnie de ballet à l'aube des années 1980 et s'est spécialisé dans la chorégraphie des émissions de télévision, essaie tant bien que mal de coacher Florent Pagny, lequel n'est pas très à l'aise quand on lui demande de danser.

En 1990, dans le clip de « J'te jure », extrait du premier album du chanteur, Redha, se lançant dans une transe endiablée, donne toute la mesure de son talent.

Sur le petit écran, Florent Pagny parvient parfois à décocher des premiers rôles.

Dans le téléfilm *Fou comme l'oiseau* de Fabrice Cazeneuve, il incarne un adolescent psychotique, atteint d'épilepsie, qui vit dans un petit village de Haute-Saône et passe tout son temps dans la forêt, à observer les oiseaux. Comme eux, il rêve de voler. Sa folie s'est aggravée après qu'il a été témoin d'un meurtre perpétré dans la maison voisine. Le jeune homme de 19 ans tombe amoureux de Jana, une jeune réfugiée yougoslave. Cette passion lui donne des ailes à tel point que, battant des bras comme un albatros, il se jette d'une falaise et tombe dans le vide.

La presse unanime salue la performance du jeune comédien : « Il faut saluer la prestation de Florent Pagny, un débutant dans le métier dont le premier rôle n'était pas facile et pourtant, il y est parfait », peut-on y lire dans la page télévision du *Figaro* (22 juin 1983). Il acquiert aussi un début de reconnaissance du métier.

Sur nos étranges lucarnes, il incarne souvent des antihéros un peu paumés, archétypiques de cette « bof génération[1] » post soixante-huitarde.

C'est le cas dans *L'Ennemi public numéro deux* d'Édouard Niermans, inspiré du parcours de Jacques Mesrine, téléfilm inaugurant une anthologie d'histoires policières baptisée « Série noire » et qui ne comptera pas moins de trente-sept épisodes différents. Ainsi que dans *Le Père anonyme* de Daniel Moosmann ou *L'Embranchement* de Michel Boisrond.

Pagny apparaît également au sein de séries télévisées.

En 1984, aux côtés de Michael Lonsdale et Daniel Ceccaldi, il joue dans *Le Loufiat*[2] de Michel Boisrond où il tient le rôle principal, celui de Michel, un apprenti

1. Personnes nées entre 1960 et 1965. En pleine perte de repères et en opposition avec l'idéalisme et le militantisme soixante-huitard, elle est en quelque sorte cette génération désenchantée décrite dans la chanson éponyme de Mylène Farmer.
2. Garçon de café, de restaurant dans le langage populaire.

serveur dont l'oncle, maître d'hôtel dans un grand restaurant, lui fait partager son amour de la gastronomie et des bons vins.

Ce film est ce qu'on appelle un « pilote », c'est-à-dire, qu'en fonction de son succès, d'autres épisodes seront tournés (ou pas). Le jeune comédien donne son accord de principe pour interpréter son personnage dans chacun d'entre eux. Mais quand, trois ans après, la production décide d'en faire une série, beaucoup d'eau a coulé sous les ponts, Florent a d'autres engagements et, surtout, s'est fixé un objectif : se lancer dans la chanson. Aussi abandonne-t-il le projet. Alphonse Boudard, le scénariste, doit remanier en catastrophe le scénario. Un, deux, trois... petit tour de passe-passe. La famille s'agrandit. Florent Pagny, *alias* Michel, se voit attribuer un nouveau frère, et hop, un nouveau loufiat est né : le deuxième épisode peut être tourné.

En 1987, il tourne dans *La Chaîne*, une mini-série de quatre épisodes de 52 minutes, réalisée par Claude Faraldo – d'après le roman de Michel Drucker –, diffusée sur Antenne 2, à la rentrée de l'année suivante. Aux côtés de Jean Carmet, avec qui il se liera d'amitié, Pagny campe le présentateur de *Champs-Élysées*.

Lors de son premier passage télé, en janvier 1988, dans l'émission *Les Bains de minuit* de Thierry Ardisson, il parle de ce rôle de composition : « Me prendre, moi, pour jouer Drucker, c'était un vrai challenge ! »

Le petit écran lui offre donc une meilleure exposition. Mais, à l'époque, jouer un rôle principal dans un film de télévision est moins valorisant qu'incarner un personnage secondaire dans un film à grand succès comme *L'As des as*. Les comédiens y sont moins bien payés et le manque de moyens des productions a des effets sur la qualité des films. C'est pourquoi rares sont les grandes vedettes qui acceptent de tourner pour la télévision. Depuis, les mentalités ont changé. « Je finissais par avoir des rôles importants à la télé. [...] Un jour il y a eu une crise du cinéma. J'ai vu les acteurs arriver. J'ai dit : "Houlà, ça va se boucher, il est temps que tu bouges tes fesses. [...] Il faut chanter[1] !" »

Pagny, l'instinctif, a vu juste, car aujourd'hui, les téléfilms et les séries regorgent de stars de cinéma, comme ceux de Josée Dayan, dont les castings font pâlir d'envie les plus grands réalisateurs français et même européens.

De 1980 à 1987, période pendant laquelle il écume les plateaux de cinéma et de télévision, il joue dans quatorze longs-métrages de cinéma et dans huit téléfilms ou séries. Un curriculum vitae en béton pour un garçon de 26 ans !

L'histoire du cinéma regorge de seconds rôles de génie – faire-valoir de Gabin, de Belmondo, de Lino Ventura ou Depardieu –, qui ont hanté les productions

1. *Il n'y a pas qu'une vie dans la vie*, Europe 1, 23 octobre 2021.

françaises et dont le nom apparaît en quatrième ou cinquième place sur le générique. Sans doute, à l'instar des Le Vigan, Robert Alban, Jean Bouise, Paul Crochet, André Pousse, Charles Gérard ou Jean François Balmer, eût-il pu continuer dans cette voie, devenir cette silhouette, cette gueule de cinéma, cet anonyme connu, que l'on croise dans la rue, en se disant : « Tiens, mais qui est-ce… je l'ai déjà vu quelque part ? »

Pour l'anecdote, précisons qu'en 1985, Pagny donne la réplique à Bruel dans *Mariage blues*, une comédie qui réunit donc, dans un même casting, deux futures stars de la chanson.

Dans la seule scène du film visible sur le Net, notre Patriiiiiick national, qui ne s'est pas encore cassé la voix, se lance pendant quelques secondes dans une parodie de Luis Mariano, sans doute pour faire un petit clin d'œil à son copain Florent.

Les deux jeunes premiers font partie de cette bande de copains qui passent des nuits entières à faire le bœuf dans un piano-bar-restaurant, le Vin aux Halles[1], qui devient en quelque sorte leur quartier général, boostant du même coup la fréquentation de l'établissement. Bruel raconte sur TV Mag : « Je jouais au théâtre. Florent venait me chercher tous les soirs et on ne savait pas où aller traîner. On est entrés au Vingt aux Halles. Il

1. Est-ce le vin aux Halles, le 20 aux Halles, le Vingt aux Halles, voire le Vin des Halles ? Autant d'articles de presse, autant de livres, autant d'orthographes différentes pour ce bar de nuit, dont, quarante ans après, il ne subsiste, semble-t-il que des témoignages oraux.

n'y avait personne. Juste un piano. On s'est mis à jouer et à chanter. Des clients sont entrés, ils ont trouvé ça chouette. On a passé une bonne soirée et le patron nous a dit : "Revenez quand vous voulez !" [...] Le restaurant est passé de quelques clients à trois services par nuit. On y jouait jusqu'à 6 heures du matin[1] ! »

Cette bande de copains, âgés d'une petite vingtaine d'années, qu'ils soient comédiens ou musiciens – comme Alain Lanty, qui deviendra le compositeur et le pianiste de Johnny Hallyday – s'amuse dans une ambiance potache à refaire le monde en chanson. Parmi eux, Florent Pagny se distingue par son indéniable talent de chanteur.

Bruel lui-même n'a pas encore atteint sa maturité vocale. Mais il va très vite rattraper son retard et c'est lui qui se lancera le premier dans la chanson. Il sortira son premier succès en 1984 avec « Marre de cette nana-là », que lui écrit son complice Gérard Presgurvic.

Le jeune Bourguignon, arrivé seul à Paris, s'est constitué une nouvelle cellule familiale au fil des petits boulots et des castings. Financièrement, c'est parfois la galère et Florent, très panier percé, ressemble un peu à la cigale de la fable. Bien sûr, il se fait plaisir en s'achetant des fringues ou une moto, prend goût aux voyages... Mais, surtout, il est très partageur : « Les copains d'abord », tel est son credo.

1. Interview de Patrick Bruel par Stéphanie Raïo, Le figaro.fr, 11 décembre 2014

Au 3 rue du Bourg-Labbé, dans le 3e arrondissement, se situent les Bains-Douches, un club fermé et très branché, dont Florent fera son QG.

Là, un immense porche flanqué de naïades, qui font jaillir la lumière de leurs mains tendues, abrite une porte vitrée en chêne massif accueillant les personnalités les plus en vue du showbiz et de la mode. Quelques VIP, mais aussi beaucoup d'anonymes, sélectionnés à la gueule du client par la redoutable physionomiste qui sévit à l'entrée, peuvent se trémousser sur la piste de danse au son des caisses claires, avant de se baigner dans la piscine, puis d'aller prendre un drink au bar pour finir par se sustenter dans la salle de restaurant. Les disques jockey balancent de la musique New Wave à fond la caisse. Des groupes célèbres comme Dépêche Mode y font leurs premiers pas. Le lieu a été décoré en 1978 par Philippe Starck, designer de génie, qui accédera bientôt au statut de célébrité mondiale et qui, accessoirement, deviendra l'un des meilleurs amis de Pagny. Starck a donné un sacré coup de jeune à cet ancien établissement thermal fréquenté autrefois par Marcel Proust. Le Tout-Paris intello, celui du spectacle et des médias, celui de la fête et de la nuit, se bouscule aux Bains-Douches.

De quoi se constituer un sacré carnet d'adresses pour un jeune homme aussi sociable que Florent Pagny.

Une étrange poudre blanche y circule, *a fortiori* dans la deuxième partie des années 1980 et rares sont les personnalités fréquentant ce haut lieu des nuits parisiennes qui n'ont pas eu envie de connaître l'artifice des paradis.

En tout cas, pas Florent Pagny, qui avoue y avoir succombé à plusieurs reprises : « J'ai quand même fait beaucoup d'expériences en termes de drogue, j'ai touché un petit peu à tout, juste pour savoir ce que c'était[1]. » Thierry Ardisson, un habitué du lieu, y tourne en 1988 son émission hebdomadaire *Les* Bains *de minuit.* Il raconte l'une de ses bonnes blagues assez révélatrices des frasques commises par le monde de la nuit : « On avait installé un miroir sans tain aux chiottes avec une caméra derrière et on filmait tous les mecs qui venaient se faire des lignes. On s'est bien marrés[2]. »

À partir de la fin des années 1980, Pagny sera très régulièrement invité dans les talk-shows du présentateur.

Beaucoup de gens de sa génération ont brûlé leurs ailes sous les sunlights de la nuit. Pas lui. Ces expériences de fêtards, d'amis, d'acteurs qui ne trouvent pas de rôle à leur mesure, loin de le faire sombrer, lui donnent encore plus de force. Il sait reconnaître ses erreurs et changer de cap s'il le faut. Il parle d'expérience, d'apprentissage, jamais d'échec.

1. France bleue, interview de Florent Pagny.
2. *Télérama*, 24 mars 2013.

Doté d'une très grande force de caractère, ce jeune homme à la bouille sympathique, à « la voix de trompette », au contact facile, à l'indéniable générosité, ce bon copain bienveillant agit également comme un leader. Son éducation a posé des bases solides qui lui donnent une enviable confiance en lui et une assurance certaine.

Fraternel, franc et loyal, il dégage une authenticité qui suscite l'adhésion et la sympathie. Il ne laisse pas ses affects le guider, ni ses peurs le paralyser. Comme nous le verrons, c'est de cette manière que, mine de rien, il finit souvent par atteindre ses objectifs. Le parfait portrait d'un leader charismatique, n'est-ce pas ? Nul doute que, révolutionnaire, il eût été Che Guevara, militaire, il eût été de Gaulle, politique, il eût été Mitterrand.

Parfois, la rencontre de deux fortes personnalités peut provoquer quelques étincelles. Ainsi, le tournage d'une scène de *Fort Saganne* n'a pas été de tout repos. Dans ce film d'Alain Corneau, Florent Pagny joue Lucien, un Saint-Cyrien qui doit partir à la guerre, petit frère du personnage principal, Charles Saganne, incarné par Depardieu.

Les deux comédiens doivent jouer ensemble une scène d'adieu, assez émouvante, avec des silences, des non-dits. « Il m'appelait toujours Marlon ou il m'appelait au féminin. [...] On devait jouer la scène, allongés dans l'herbe. Il me dit : “Bon, la petite, il vient se mettre en place ?" Et moi je réponds : "La petite viendra quand la grande y sera." Je dis ça pendant un break de son, [...] un long silence [...]. Ça ne lui plaît pas. Je me retrouve à côté de lui, là, il me fait : "Il y en a qui devraient la fermer un peu, pas parler si fort !" Je lui fais : "C'est pour moi ? – Ouais, c'est pour toi." Bon ! [...] Alors là, j'ai compris. J'ai joué mon rôle, fait ce que j'avais à faire mais je n'ai plus parlé[1]. »

À l'issue du tournage de la scène, Depardieu, qui regrette sans doute d'avoir malmené son cadet, lui glisse à l'oreille : « Allez, allez, vas-y, tu vas être une star ! »

Ce monstre sacré, au sommet de son art, ne prenait-il pas ombrage du potentiel qu'il pressentait chez ce jeune acteur ? Les rapports humains ressemblent parfois à ceux qui règnent au sein d'une meute. Le mâle dominant, se sentant menacé par un autre jeune mâle, le chasse hors de son territoire ou tente de le soumettre.

Depardieu avait raison, Florent Pagny deviendra une star, mais son étoile ne brillera pas sur grand écran. Le jeune homme, pressé, a saisi l'opportunité qui se présentait. Il a vu de la lumière, il est entré, mais le projecteur manquait de puissance pour magnifier son talent, et puis son talent se trouvait ailleurs. « Je me disais, la chanson, c'est mon joker, je la mets dans ma poche[2]. »

1. *Florent Pagny. La voix nue*, émission de Didier Varrod et Nicolas Maupied, France 3, 27 avril 2018.
2. *Florent Pagny. La voix nue*, émission de Didier Varrod et Nicolas Maupied, France 3, 27 avril 2018.

Il a longtemps pensé mener de front une carrière d'acteur et de chanteur, comme Montand ou son ami Bruel, mais après sept années de gentilles galères qui le laissent insatisfait, il se dit que mieux vaut cultiver ce don que la nature lui a laissé en héritage et lui consacrer toutes ses forces.

Pourtant, quelques années auparavant, un soir d'hiver de l'orée des années 1980, dans son cabaret fétiche, le Vin aux Halles, lors de ces bœufs mémorables, pendant lesquels la voix de Florent Pagny faisait trembler les murs, parmi les spectateurs, un homme ne pouvait pas passer à côté de ce remarquable talent.

Son chauffeur lui avait signalé qu'un jeune phénomène se produisait le soir dans un bar des Halles et que, dès qu'il se mettait à chanter, quelque chose d'incroyable se produisait.

Du coup il est venu. Cet homme s'appelle Gérard Louvin. Il recherche de nouveaux talents. Même s'il a travaillé en tant que directeur artistique avec Claude François, même s'il a été manager d'Alain Chamfort et de Lio, il n'a pas encore ce statut de grand producteur de disques, de spectacles et de télévision qui le rendra célèbre.

Florent a 18 ans. Il vient de refuser d'intégrer le Conservatoire national. Le cinéma est sur le point de lui faire un clin d'œil. Il a la voix. Il lui manque les chansons. Il n'est pas encore prêt.

Un contrat moral lie les deux hommes et Florent Pagny est plutôt du genre fidèle. Il intègre quelques mois plus tard Glem, la société de production de Gérard Louvin, mais il lui faudra sept ans pour se décider à sauter le pas.

5

N'importe quoi pour une escale en Paradis

Enregistrée en 1987 et sortie en mars de l'année suivante, une chanson va rester quatorze semaines dans le Top 50, devenant du même coup le tube de l'année et le titre qui propulse la carrière de Florent Pagny. Il a fallu un an pour que le projet aboutisse. Un accouchement dans la douleur. Son rêve d'enfant devient réalité.

De 1980 à 1987, son ambition de devenir chanteur, pour laquelle il avait abandonné le cocon familial, s'était noyée dans un grand flou artistique, comme un cliché dont les couleurs perdent de leur éclat. Pagny restait coincé entre deux plateaux de tournage, quelques voyages, la fête entre copains et le bling-bling malsain du monde de la nuit.

De temps en temps, le Bourguignon allait voir Gérard Louvin pour lui proposer une vague idée de chanson, mais rien de vraiment concret. Malgré les conseils que lui prodiguaient ses amis, qui essayaient en vain de le rediriger vers ses premières amours, on eût dit que cette activité était devenue secondaire pour lui. Jusqu'au jour où il prend enfin conscience qu'il est dans une impasse. « J'ai 27 piges, j'ai vécu ce que j'ai vécu et je suis là en train de me dire : bon, là, il va falloir que tu chantes[1] ! »

L'intuition dicte toujours ses décisions et, en ce début de 1987, il sent que c'est le moment. Il n'a pas d'engagements. Plus question de courir les cachets. Il doit se consacrer entièrement à son projet. Il a besoin d'y mettre toute son énergie.

Mais comme il tire le diable par la queue, l'argent qu'il gagne est aussitôt dépensé, à tel point qu'il en arrive à contracter un de ces crédits à la consommation qui commencent à pulluler dans les années 1980 et que les banquiers accordent sans scrupule, au point de mettre en danger certaines personnes fragiles.

Son premier biographe, François Bériot, dans *Rester vrai*, rapporte que Florent Pagny a emprunté cet argent pour financer quelques mois sabbatiques, lui permettant de réaliser son premier disque « J'en étais arrivé à me

1. *Toujours libre. La Story de Florent Pagny*, documentaire CStar, 2016-2017.

dire : “Pagny, il faut que tu te bouges...” Je suis allé voir les banquiers et je leur ai dit : “Voilà, je ne vais rien faire pendant six mois, c'est certain. Si vous me donnez les moyens d'y croire en attendant, alors j'aurai la patate[1].” »

Et ses généreux banquiers lui auraient alors prêté 60 000 francs, ce qui correspond environ à une dizaine de milliers d'euros. Ô la belle histoire que voici ! Elle donne un parfum de légende à cette épopée chansonistique, pour employer un abracadabrantesque néologisme.

Pour Carmen Bouchet, la manager et amie du chanteur qui se confie à Éric Le Bourhis, la vérité semblerait à la fois plus prosaïque et plus romantique. Le jeune homme aurait demandé un prêt, d'abord à Gérard Louvin, puis à sa banque, pour rejoindre, à l'autre bout du monde, une jeune fille à laquelle il voulait conter fleurette[2]. Mais, grosse déception, « j'arrive là-bas, il y en avait un autre », confie-t-il à Thierry Ardisson deux ans plus tard.

De retour à Paris, il lui reste une seule chose à faire : enregistrer un 45 tours qui lui permettra enfin de se faire connaître. Les deux versions ont leur charme et l'une est plus vraisemblable que l'autre, mais je ne sais pas pourquoi, j'ai toujours eu un faible pour les légendes.

1. François Berriot, *Florent Pagny. Rester vrai*, *op. cit.*
2. *Fleurette*, diminutif de *fleur*, a donné naissance au XVIIe siècle à l'expression *Conter fleurette*. On conte fleurette à une femme, on lui tient des propos aimables, galants, badins.

Enregistrer un single, d'accord ! Mais avec quelles chansons ? Écrire et composer lui-même ? Il ne l'a encore jamais fait. Tout juste sait-il taper sur un piano avec deux ou trois doigts. Écrire des paroles ? Il a toujours préféré le yaourt, mais il n'a pas de yaourtière.

Il a besoin que sa première vraie chanson lui ressemble vraiment. C'est son premier disque – « Boomerang » compte pour du beurre – et il ne veut pas faire n'importe quoi. Il ne reste qu'une solution : l'écrire lui-même.

Un soir, il plaque sur son piano trois accords qu'il connaît, un do, un sol et un fa, une sorte de mélange simplifié de « The Rose » et de « With or Without You » de U2, le tube du moment. Il les triture dans tous les sens et improvise une mélodie puissante, très adaptée à sa voix ! Quand il la chante en yaourt, ça en jette !

Mais qui est capable d'écrire de vraies paroles sur cette mélodie ? Les auteurs que lui présente Gérard Louvin lui proposent des textes qui ne le convainquent pas.

La parolière Joëlle Kopf, qui a pourtant réussi à enchaîner pour l'éternité le chanteur Cookie Dingler à sa « Femme libérée », fait les frais de son exigence. « Il arrivait toujours un moment où je leur disais : "Je ne peux pas chanter ça, moi ! Ça ne me parle pas." Et les auteurs éconduits de répondre, un peu vexés : "Tu sais quoi ? Tu devrais l'écrire[1] !" »

1. *Les Clés d'une vie*, Jacques Pessis, Sud radio, 27 septembre 2021.

Il finit par s'y mettre mais l'accouchement se fait dans la douleur : « Ce n'est pas mon domaine, je ne suis ni auteur ni compositeur [...]. À chaque fois que j'ai voulu écrire quelque chose à mes débuts, c'était très très dur[1]. »

Il écrit comme on parle, avec des mots très simples, des mots de tous les jours, qui vous font quelque chose comme une chanson d'amour et de colère, qu'il adresse à un frère imaginaire ou à un ami très proche, complètement paumé, en plein désarroi existentiel, en train de perdre pied, de se noyer. Il tente de le convaincre d'arrêter ses bêtises.

Dis-moi, pourquoi tu fais ça
Pourquoi t'arrêtes pas
Tu te fous en l'air
Ça a l'air de t'plaire

Pour peaufiner le texte, Florent Pagny fait appel à la scénariste Marion Vernoux, dont il admire l'écriture. Toute allusion directe aux paradis artificiels est ôtée. Les paroles de la chanson gagnent en force, car la drogue devenant un personnage subliminal, on devine tous les non-dits qui ont conduit ce « paumé du petit matin », comme chantait Brel, à cette situation désespérée.

1. *Ibid.*

À qui Florent Pagny s'adresse-t-il ? Il est très discret sur le sujet. Mais pendant ces nuits passées aux Bains-Douches, combien de fois a-t-il dû voir, impuissant, des ombres se noyer dans le royaume des ténèbres, des courtisans déchus, des jeunes gens à l'avenir rétréci, des princes devenus clochards, tous grillés avant l'heure, prisonniers de leur propre délire, des reines de la nuit ayant perdu leur flûte enchantée.

D'aucuns ont même subodoré que Florent Pagny évoquait son propre frère aîné, Frédéric, qui s'est contenté de jouer l'homme au tambour dans le clip accompagnant la sortie de la chanson, mais qui, à l'époque, ne semblait pas aller trop mal, merci.

Éric Le Bourhis rapporte le témoignage d'un intime de Florent Pagny, le comédien belge Riton Liebman, son compagnon de castings : « La personne dont Florent parle dans cette chanson, c'est moi. [...] tout ce que je veux alors, c'est sortir le soir, me faire des copains et me défoncer. [...] (Florent) me disait : "TonRi, arrête le bouzin. Fais gaffe, c'est nul. Arrête, c'est pas cool[1]." »

Peut-être s'agit-il d'une mise en abîme du chanteur lui-même, qui se projette dans la peau de ce junky qu'il a eu la chance de ne pas devenir. Comme dans les chansons de Sardou, Pagny raconte une histoire, met en scène une situation, mais contrairement à son aîné, qui se glisse dans la peau de personnages chaque fois différents, revêtant ainsi un masque de théâtre, les

1. Éric Le Bourhis, *Florent Pagny. Portrait d'un éternel rebelle*, *op. cit.*

propos du jeune chanteur dans « N'importe quoi » sont fondés sur des éléments autobiographiques très forts, qui touchent chacun d'entre nous. Qui n'a pas eu un proche, un voisin, un parent tombé dans la déchéance des addictions ?

Le personnage décrit dans cette chanson, désigné à la deuxième personne du singulier, est sans doute un mix entre une projection de ce qu'il aurait pu devenir si la drogue lui avait mis le grappin dessus, et l'évocation de plusieurs individus qu'il a rencontrés dans ses nuits parisiennes et dans son cercle amical.

Très souvent, à ses débuts, il est comparé à Sardou. Quand Thierry Ardisson lui demande, en 1989, dans *Lunettes noires pour nuits blanches*, si ce rapprochement le gêne, il semble assumer cette filiation : « Ça me fait rire parce que, quand j'ai enregistré "N'importe quoi" en studio, Jean-Yves D'Angelo (le pianiste) et Kamil Rustam (le guitariste), avec qui j'ai fait le disque, n'arrêtaient pas de me dire : "C'est du Sardou, mais en plus rock." »

Plus tard, les deux chanteurs auront l'occasion d'interpréter en duo les chansons qui ont bercé la prime jeunesse de Florent : « Le France » ou « Comme d'habitude ». Michel Sardou l'invitera même dans un des derniers spectacles de sa tournée d'adieu, sur la scène musicale de Boulogne. Pagny appartient vraiment à cette lignée de chanteurs qui font de la variété de qualité. D'ailleurs, il le revendique.

Il a enregistré « N'importe quoi ». Maintenant il n'a plus le choix : ce titre doit devenir un tube, sinon sa carrière risque de tourner court. La promotion du disque s'apparente aux dix travaux d'Hercule. Carmen Bouchet, sa manageuse, ayant elle-même eu le coup de foudre pour la chanson, s'y emploie avec conviction. Le 45 tours sort en juin 1987. Elle le propose à toutes les radios. Mais les refus pleuvent comme un jour d'orage.

La manière de chanter de Florent Pagny n'est pas à la mode, du moins pas encore. Aucun programmateur ne veut diffuser le single. De quoi se laisser aller au découragement ! Mais elle insiste et finit par convaincre Max Guazzini, le directeur d'NRJ, qui lui propose un marché, une sorte de quitte ou double. « On fait un essai : si ça marche, si les gens appellent, on le passe, sinon, on le met à la poubelle et on n'en parle plus[1]. »

Arrive le jour J : c'est un raz-de-marée. Le standard est submergé d'appels. La force de conviction de Carmen Bouchet a-t-elle suffi ? Cet essai fort opportun ne résulte-t-il pas plutôt d'un marché passé entre Louvin et Guazzini ? Valérie Alamo et Stéphane Deschamps, dans *L'Homme qui marche*, relaye les propos de Pagny : « Louvin met le logo d'NRJ en fond de scène dans *Sacrée soirée* et en échange, Guazzini programme ma chanson pendant une semaine sur sa radio. » Gérard Louvin dénie catégoriquement cette version des faits.

1. Carmen Bouchet, interviewée dans *Toujours libre. La Story de Florent Pagny*, documentaire CStar, 2016-2017.

La chanson va bénéficier du meilleur tremplin pour un lancement réussi.

Après l'arrivée de la gauche au pouvoir, le paysage radiophonique connaît un bouleversement sans précédent. Avant 1981, date à laquelle François Mitterrand décide de libéraliser le paysage audiovisuel, seules les stations de l'ex-ORTF avaient le droit d'émettre sur la bande FM. Peu à peu, au fil des années 1980, les petites radios associatives locales cèdent la place à des radios commerciales très formatées, dont certaines fonctionnent comme des robinets à musique. NRJ (nouvelle radio des jeunes) diffuse les tubes du moment et, à force de contourner la loi, en augmentant la puissance de ses émetteurs, en faisant de la publicité déguisée, en phagocytant ses réseaux régionaux franchisés, pour y diffuser ses programmes nationaux, elle devient, en 1987, l'une des radios libres les plus écoutées de France. Max Guazzini, avocat très proche du parti socialiste, ami de Dalida, en devient le directeur en 1984. Très formatée, la station a l'oreille des jeunes. Son audience ne cessera d'augmenter jusqu'en 2002, date à laquelle, à la suite de l'intégration des 13-14 ans dans les enquêtes Médiamétrie, elle devient la première radio de France.

Grâce au matraquage de la chanson sur les ondes d'NRJ pendant une semaine, les ventes de disques décollent.

Florent Pagny, vêtu de son Perfecto en cuir, commence à être programmé dans des émissions de télévision populaires. Son intuition lui a dicté une idée marketing. La chanson s'appelle « N'importe quoi » et non pas « Dis-moi », ce titre sans saveur que lui a proposé son producteur, Gérard Louvin. Car enfin, un chanteur qui chante « N'importe quoi », c'est vraiment tendre le bâton pour se faire battre, non ? Enfin à première vue ! L'idée ressemble à une blague potache, mais la plaisanterie n'est pas dénuée d'arrière-pensées. Par exemple, Il est très amusant de voir Jacques Martin, ancien présentateur du *Petit rapporteur*, l'œil malicieux et le sourire aux lèvres, annoncer son prochain invité : « Florent Pagny va nous interpréter n'importe quoi. » Il n'empêche : les téléspectateurs retiennent le nom de la chanson. Du coup, les disques se vendent mieux. Quand il est interviewé à ce sujet, le chanteur en rit encore. Il en rajoute même un peu, racontant que Jacques Martin n'aurait pas prononcé son nom correctement et l'aurait appelé Laurent Fanny. Or, lorsque l'on écoute attentivement la bande sonore, l'animateur n'a pas écorché le nom du chanteur. Trois hypothèses se présentent à notre esprit sagace.

Soit Florent Pagny a été invité plusieurs fois dans l'émission *Dimanche Martin* pour assurer la promotion de son tube, soit il a vraiment eu l'impression que son nom n'avait pas été prononcé correctement, soit notre Bourguignon se prend pour un Marseillais.

À la mi-mars 1988, le single entre dans les charts. Dès le 1er avril, il devient le gros poisson du mois en grimpant à la deuxième place du Top 50. Il finit par détrôner Glenn Medeiros et son « Nothing's Gonna Change my Love For You » le 29 avril, s'installant en tête des ventes de 45 tours pendant huit semaines consécutives.

La fusée est lancée. Après douze ans passés dans l'ombre, le voici enfin dans la lumière. « En plus, c'était assez particulier car à cette époque-là je vivais en communauté. On était à Nogent… toute une bande de potes […] et d'un seul coup, tu embarques tout le monde… Allez les gars, on va s'amuser un peu. Il se passe quelque chose. Pendant deux, trois ans, on n'a fait que rigoler[1]. »

Gérard Louvin se frotte les mains. Son poulain vient de vendre plus de 700 000 disques. Pour sa société, Glem, c'est un sacré jackpot !

En outre, depuis 1985, comme il est devenu producteur de télévision, il profite pleinement du vent de libéralisation qui souffle sur l'audiovisuel. TF1 vient d'être privatisée au nom du mieux-disant culturel. Depuis la fin du monopole public, les diffuseurs font appel à des sociétés de production pour concevoir leurs programmes.

À cette époque un divertissement fait les riches heures de la première chaîne, achetée en 1987 par Francis Bouygues, l'empereur du béton. Diffusée en

1. *Clique*, Mouloud Achour, Canal +, mars 2020.

direct tous les mercredis en prime time, cette émission promet aux téléspectateurs de passer une *Sacrée soirée*. Elle est animée par Jean-Pierre Foucault et produite par Glem. Des humoristes, des vedettes du cinéma, du théâtre et de la chanson sont invités. Des surprises leur sont concoctées avec la complicité de leur entourage. Ce programme familial joue sur le registre émotionnel et contribue à la popularité desdites vedettes. À la fin des années 1980, l'émission peut attirer facilement plus de 10 millions de téléspectateurs, soit l'audience actuelle d'un grand match de foot.

Fin octobre 1988, quelques mois après son entrée fracassante dans les charts, il est invité dans l'émission *Lunettes noires pour nuits blanches*. Thierry Ardisson lui demande quels sont ses projets. Il ne cache pas ses doutes concernant la pérennité de sa jeune carrière : « J'ai un prochain disque qui sort [...]. Ça s'appelle "Laissez-nous respirer". C'est ma deuxième chanson. J'ai besoin de savoir si c'était l'effet du hasard ou de la chance... »

« Laissez-nous respirer », dont il a signé les paroles, commence à dessiner cette image de rebelle qui sera sa marque de fabrique jusqu'au milieu des années 1990. Il apostrophe, avec des mots parfois un peu crus, des individus indéterminés, membres de la classe dirigeante, que d'aucuns aujourd'hui appelleraient « les premiers de cordée ». Une certaine presse l'accuse de poujadisme (aujourd'hui on dirait populiste).

Eh vous messieurs les plus grands
Oui vous messieurs les plus forts
Messieurs les plus chiants
Vous qu'avez jamais tort
Oh vous les envahissants
Oui vous qui parlez trop fort
Toujours suffisants
Vous avez pourtant tort.

Le texte est un peu maladroit, comme si le chanteur vivait, à 27 ans, sa crise d'adolescence. Il révèle aussi le côté instinctif et spontané du chanteur. La musique, une ballade un peu rock, signée par deux pointures, Jean-Yves D'Angelo et Manu Katché, trop proche de celle du premier tube de Pagny, a un petit goût de réchauffé. Le single se vend correctement, sans plus. Il se hisse à la huitième place du Top 50 en janvier 1989.

Aujourd'hui encore, le public se souvient plus de la parodie qu'en ont faite Les Inconnus, qui ont compilé deux titres de Pagny et un de Bruel, que de cette chanson qui n'a pas vraiment marqué les esprits.

Florent Pagny est invité régulièrement (et même plus que de raison) dans *Sacrée soirée*.

Lors d'une émission consacrée à Claude François, onze ans après sa disparition, le jeune chanteur va interpréter une version mémorable de l'une de ses chansons fétiches, « Comme d'habitude », qu'il est le seul en France, avec Michel Sardou, à pouvoir chanter avec autant de force. « Ce n'est pas si évident que ça de chanter cette chanson. [...] Il l'a fait avec un immense talent. Moi j'en avais la chair de poule[1] », confie Jean-Pierre Foucault.

Sa version de ce tube mondialement connu est tellement parfaite vocalement qu'elle sort en 45 tours peu de temps après la diffusion de l'émission. À l'été 1989, il atteint une honorable sixième place au Top 50. Le disque se vend plutôt bien, sans être non plus un succès fulgurant. Mais la reprise de cette chanson plus du tout à la mode ringardise un peu son image et le classe dans la catégorie « variété de papa ».

En cette fin des *eighties*, la « branchitude » fait office de norme et les radios musicales commencent à imposer leurs playlists. J'ose à peine imaginer ce qu'on eût dit sur lui s'il avait sorti un single avec la fiesta bohémienne ou *La Belle de Cadix*.

C'est grâce à une autre émission spéciale de *Sacrée soirée*, tournée aux États-Unis, à Disneyworld, qu'il va

1. *Toujours libre. La Story de Florent Pagny*, documentaire CStar, 2016-2017.

rencontrer Vanessa Paradis. La jeune fille va bientôt fêter ses 16 ans.

Nièce du comédien Didier Pain, l'adolescente a connu quelques mois auparavant un début de carrière fulgurant grâce à la chanson « Joe le taxi[1] », un portrait baroque d'un chauffeur de cab new-yorkais, que lui a concocté Étienne Roda-Gil, l'ancien parolier de Julien Clerc, sur une musique de Franck Langolff, ami et compositeur attitré de Renaud.

Ce tube, resté onze semaines consécutives en tête du Top 50 en mai et juin 1987, conquiert le marché britannique. Vanessa est même invitée dans l'émission la plus populaire de la télévision anglaise : *Top of the Pops.*

Elle sort en janvier 1988 un album qui contient quatre autres succès signés du même duo : « Marilyn & John », « Maxou », « Coupe, coupe » et « Mosquito ». Elle écume les plateaux de télévision. Florent Pagny aussi. Il est timide avec les filles. Elle ne connaît pas les hommes (enfin presque). Il ne reste pas insensible aux charmes de cette Lolita, bien qu'il préfère les femmes de son âge. Elle est attirée par ce petit gars de 27 ans avec son look de jeune premier, son Perfecto en cuir, ses boucles d'oreilles et ses dents du bonheur. Il a besoin d'être protecteur. Elle a besoin de se sentir femme. Ils se sont croisés de temps en temps sur des plateaux de télévision, mais ils se sont à peine adressé la parole, à tel point qu'elle pense qu'il le boude. Et puis, fin 1988,

1. Joe le taxi, Étienne Roda-Gil, Franck Langolff, 1987.

lors de l'enregistrement de cette émission à Orlando en Floride, l'occasion se présente enfin. Leurs deux chambres d'hôtel sont contiguës. Ils finissent par se parler sur le balcon.

Il lui demande :

— Tu es toute seule ?

— Oui, répond-elle.

— Alors, viens te joindre à nous.

Elle finit par aller les rejoindre. Leur histoire d'amour commence ainsi.

Revenus à Paris, ils apprécient la joie des retrouvailles. De loin en loin et puis toujours plus près. Très vite, ils s'installent dans un duplex, un ancien atelier d'artiste du 6e arrondissement, que meublent un piano, un canapé et quelques sofas, de quoi se détendre un peu après leurs longues journées de travail, d'enregistrement, de promo.

Le jeune Florent a les défauts de ses qualités : il est généreux et protecteur, mais il aime être un chef de bande, quitte à flamber un peu. C'est un incorrigible romantique mais il peut devenir terriblement jaloux.

Vanessa sait déjà ce qu'elle veut. Bien qu'elle soit émancipée depuis ses 16 ans, elle est cornaquée par sa mère, Corinne, qui a de l'ambition pour deux et avec laquelle elle reste très proche. Elle quitte sans regret sa classe de première littéraire et son lycée du 9-4, où son amoureux venait la chercher après les cours, au guidon d'une de ces grosses motos qu'il affectionnait tant mais qui le faisait passer pour un frimeur.

L'oiseau de Paradis commence à prendre son envol. Vanessa veut maintenant se consacrer à son histoire d'amour, mais aussi à sa carrière. Chacun mène la sienne en parallèle. Mais dans ce domaine, l'égalité n'est pas de mise. Autant l'évanescente Vanessa, très prisée des médias, commence à devenir une icône branchée de la variété, du cinéma, de la mode, autant le flamboyant Florent peine à trouver un second souffle en tant que chanteur.

6

Il n'y aurait pas eu « Bruldu »...

Sa dulcinée le suit jusqu'en Italie, près de Rome, où il prépare son premier album.

Il s'est installé aux frais de Glem, dans une villa luxueuse avec les musiciens qui ont joué sur le premier single, Jean-Yves D'Angelo, Manu Katché, Kamil Rustam, auxquels se sont adjoints Franck Langolff et le cousin pianiste de Pagny, qui a toujours su mettre en valeur les talents familiaux. Cette propriété avec piscine est sans doute plus propice au *farniente* qu'au travail acharné.

Sur le site consacré au chanteur, pagny.org, le cousin pianiste, Marc Meunier, qui fait partie de l'aventure et qui signera la musique de « Heureux de vivre », témoigne : « Les gens qui vivent dans le village ne me connaissent pas, et ils n'ont pas besoin de changer de comportement. Un pote gère la maison et un autre, ingénieur du son, s'occupe des machines et des instruments. Chacun est libre de faire comme il veut, seul le timing doit être respecté. On travaille le soir. Je me lève parfois à 3 heures du matin pour composer. Les choses avancent bien[1]. »

Sardou avait également l'habitude de travailler dans des lieux qu'on peut qualifier d'agréables avec son staff d'auteurs et de compositeurs pour concevoir ses albums. Mais l'affaire était rondement menée. Deux semaines plus tard, portées par une saine émulation, une dizaine de chansons naissaient, dont quelques gros tubes, fruits d'un vrai travail d'équipe.

Mais Pagny n'a pas l'expérience d'un Sardou. Depuis la fin des années 1970, un chanteur digne de ce nom doit écrire lui-même ses chansons pour être respecté. La tendance perdure aujourd'hui, mais plutôt pour des raisons financières, car avec l'effondrement du marché du disque, les revenus des artistes ayant drastiquement baissé, ceux qui ne touchent pas de droits d'auteur se retrouvent lésés. Cette dictature de l'auteur-compositeur n'est pas sans nuire à la richesse de la création. Que seraient devenus Johnny Hallyday sans Pierre Billon, Michel Mallory, Jean-Jacques Goldman ou Michel Berger, pour ne citer qu'eux, Édith Piaf, sans Marguerite Monnot, Michel Emer, Jean Dréjac ou Georges Moustaki,

1. Florentpagny org/biographie

Joe Dassin sans Claude Lemesle, Julien Clerc sans Étienne Roda-Gil ou Jean-Loup Dabadie, Sardou sans Jacques Revaux et Pierre Delanoë ? Et bien sûr, Pagny sans Pascal Obispo, Lionel Florence ou Calogero ? Tout le monde n'a pas forcément les qualités requises pour concevoir une chanson.

Sur son premier album, le Bourguignon écrit tous les textes et compose la moitié des mélodies. Les musiques de « J'te jure », « On est juste de passage », « Questions sans réponse » et « Reste chez toi » sont signées par ses musiciens de studio, Jean-Yves D'Angelo et Kamil Rustam, « Prends ton temps », par le compositeur de Vanessa Paradis, Franck Langolff, et « Heureux de vivre », par Marc Meunier, le cousin pianiste. Mais le processus de création a été quand même un peu laborieux !

N'étant au départ ni auteur ni compositeur, Florent s'appuie sur ses deux points forts : la spontanéité et l'authenticité. Il écrit comme il parle et il parle vrai. Du coup, certaines maladresses peuvent lui être pardonnées. Mais Gérard Louvin n'est pas très convaincu par les chansons que son poulain lui apporte au fil de l'eau. Il lui demande de remettre sans cesse son ouvrage sur le métier. Il faut donc quelques mois pour aboutir au résultat, d'autant plus que Pagny reçoit une proposition qu'il ne peut pas refuser : un premier rôle au cinéma, dans un film qui ne connaîtra pas un succès retentissant au box-office, *La Fille des collines* de Robin Davis, dans lequel il partage l'affiche avec Nathalie Cardone et Tchéky Karyo… De quoi ralentir encore l'avancement de son premier album, *Merci*, qui, du coup, arrive un poil trop tard dans les bacs des disquaires.

Car quelques mois auparavant, l'ouragan Bruel est passé par là. Il a tout dévasté sur son passage. Pagny aurait pu aisément occuper ce créneau « variété populaire », s'adressant à des adolescentes en quête du premier flirt. C'est là qu'il était attendu. Mais il a perdu la main. D'abord, il n'est plus célibataire. C'est un critère important pour la gent féminine. Et puis, l'album *Alors regarde* de son copain Bruel, sorti quelques mois plus tôt et sur lequel figurent des titres forts comme « Casser la voix », « Place des Grands-Hommes » et « J'te dis quand même », lui coupe l'herbe sous le pied. *Merci* apparaît, à tort comme une redondance. Les deux albums partagent indéniablement quelques gènes et l'image des deux chanteurs est tellement proche qu'ils en deviennent la proie des humoristes. Florent Pagny s'est dissous dans « Florent Brunel », cette parodie des Inconnus devenue culte.

Alors, notre Bourguignon aurait-il copié ? Hmmm, c'est plutôt le contraire, mon cher Watson ! Patriiiick est devenu l'idole des adolescentes en octobre 1989 avec son tube « Casser la voix ».

Jusqu'alors, il menait une carrière de comédien de cinéma et s'était fait connaître en tant que chanteur avec deux titres humoristico-gentillets, « Marre de cette nana-là » et « Comment ça va pour vous ? ». Un soir, sortant d'un concert d'Higelin, il a envie d'exprimer sa frustration de ne pas pouvoir être cette pop star qui galvanise les foules en pousse son organe vocal. Il écrit « Casser la voix » en une nuit.

Mais les codes qu'il utilise sur son single sont ceux de Florent Pagny dans « N'importe quoi » : la même voix éraillée, la même attitude un peu rebelle. Il ne manque à Bruel que le Perfecto et les boucles d'oreilles. Musicalement, on retrouve le même tempo, les mêmes accords (ceux de « The Rose » de Bette Midler, que tous deux chantaient autour du piano, au Vingt aux Halles).

L'album *Alors regarde*, enregistré à New York, est solide comme un roc. Bruel est entouré des plus grands professionnels du moment, tel Gérard Presgurvic, son coauteur, qui déjà écrit quelques tubes, le plus célèbre étant « Chacun fait (c'qui lui plaît) » ou Mick Lanaro, le producteur de Nougayork.

Avec une pointe d'humour acerbe, Pagny se confie en 2019 dans une émission consacrée à son vieux pote, diffusée sur W9 : « "Casser la voix", c'est la chanson que j'aurais dû avoir derrière "N'importe quoi". J'avais tout gagné, il n'y aurait pas eu "Bruldu" ! [Bruel] Mais bon... "Flore de Pagne" est encore là ! » Bruel a-t-il été opportuniste en copiant son copain de galère ? N'exagérons pas, il avait sa part de sincérité. Et puis, que le succès de

Pagny avec « N'importe quoi » ait aiguillonné celui de Bruel relève de la saine émulation. D'ailleurs « Flore de Pagne » ne lui en veut pas et reste son ami : « Je connais le mec avant le chanteur[1]. »

Dans son album *Merci*, Pagny ne triche pas. Il fait ses gammes dans le registre émotionnel. Les paroles sont souvent cash, racontant ses expériences amoureuses, celle qu'il a vécue avec Patricia Millardet, mais surtout celle qu'il vit avec Vanessa.

Il dit la peur de la séparation dans « Ça fait des nuits » et dans « Prends ton temps ».

Et je crève
Du jour où l'amour
S'en ira sans dire merci
Et je hais déjà tes absences
Et je hais devoir partir[2]

À cette peur s'ajoute la colère que provoquent les ragots malveillants autour de leur liaison dans « J'te jure » :

Je sais qu'on est trahis
Que tout le monde s'en mêle
Chacun donne son avis

1. Éric Chemouny, *Florent Pagny. Le libre chanteur*, Paris, Hors collection, 2006.
2. « Ça fait des nuits », paroles et musique Florent Pagny.

Sous prétexte qu'on nous aime
Mais de cet amour-là
S'il vous plaît gardez-le
J'vous jure qu'on n'en veut pas
C'est vous qu'ça rend heureux[1]

Il rêve de cette histoire d'amour pérenne avec celle qui pourrait devenir la femme de sa vie.

Mais un jour elle apparaît
Elle est là et tu le sais
Elle te regarde, elle te connaît
Elle est encore plus belle en vrai
Tu es certain que plus rien
Ne pourra
Arrêter ça[2]

Il exprime, parfois avec un peu de maladresse, parfois avec de réelles trouvailles d'écriture, ses peurs métaphysiques et ses révoltes existentielles dans « On n'est que de passage » et dans « questions sans réponses ».

La Terre n'a plus ses ailes
Venez, on va tomber[3] *!*

---

1. « J'te jure », paroles Florent Pagny, musique Jean-Yves D'Angelo, Kamil Rustam.
2. « Pour la vie », paroles et musique Florent Pagny.
3. « On est juste de passage », paroles Florent Pagny, musique Jean-Yves D'Angelo, Kamil Rustam.

Merci donne son titre à l'album. Florent déclare son amour et sa reconnaissance à ses parents. Il les remercie de l'avoir accepté tel qu'il était, turbulent, hyperactif, et de lui avoir fait confiance quand, à 15 ans, il est monté à Paris pour vivre son rêve de gosse.

En général, les artistes de variété aiment déclarer leur amour à leur mère, tel Luis Mariano, dans la très guimauve « Maman la plus belle du monde », que Pagny connaissait certainement. Certains d'entre eux rendent un hommage pudique à leur père, tel Daniel Guichard dans « Mon vieux ». Mais, ceux qui ont exprimé dans une chanson de tels sentiments à l'égard de leurs deux géniteurs ne sont pas si nombreux.

Car aujourd'hui tu te déclares un homme heureux
C'est à eux qu'tu le dois
Ça s'est pas fait comme ça
Mais ils avaient la foi, la foi en toi
Merci pour ça[1]

Cette chanson est touchante de sincérité. Et, reconnaissons-le, Odile et Jean méritaient bien que leur fils cadet leur consacre une chanson. D'ailleurs il n'a eu de cesse, dès qu'il a gagné de l'argent, de leur rendre la vie meilleure. Il a commencé à s'endetter pour leur acheter une maison en Bourgogne et n'a jamais manqué une occasion de les aider financièrement.

1. « Merci », paroles et musique Florent Pagny.

L'album au titre éponyme ne manque pas d'attrait. La photo de la pochette est un portrait noir et blanc, pris en gros plan, façon Studios Harcourt. Florent Pagny apparaît pensif et légèrement rêveur. Les musiques sonnent variété-pop, parfois à la frontière du rock. Les synthétiseurs de Jean-Yves D'Angelo, omniprésents (incontournables au début des années 1990), se mélangent harmonieusement avec les guitares de Kamil Rustam et mettent bien en valeur la voix puissante et volontairement éraillée de Florent Pagny. Mais il manque un titre fort, un grand tube.

Les deux premiers singles extraits de l'album : « J'te jure », malgré le vidéo-clip tourné avec le danseur Rheda, et « Ça fait des nuits », ne sont pas restés dans les mémoires. Ils n'ont pas brillé non plus dans le Top 50, leur meilleur classement se situant autour de la dix-septième place. L'album lui-même ne s'est vendu qu'à 100 000 exemplaires, juste assez pour être disque d'or. Le succès de « N'importe quoi », qui ne figure pas dans le long-play, laissait augurer des chiffres autrement plus élevés.

7

Presse qui roule, carrière en berne

La seule chanson dont on se souvienne encore, mais pour de mauvaises raisons, c'est « Presse qui roule ».

Ne nous méprenons pas. Le single s'est mal vendu et lui a valu plein d'ennuis, mais la chanson est restée, dans l'esprit du public, comme une marque de fabrique du Pagny première manière, rebelle, cash et brut de décoffrage.

« Presse qui roule » évoque bien sûr *Rolling Stone* (traduction française : pierre qui roule), magazine de rock branché, qui n'a jamais pu voir Pagny en peinture. Un entrefilet malveillant paru dans ce canard, se rajoutant à d'autres échos concernant sa liaison avec Vanessa Paradis, provoque la colère du jeune Bourguignon. C'est le papier de trop. Son sang ne fait qu'un tour. Il écrit cette diatribe contre ces quelques plumitifs qui sont allés trop loin, ce qui lui vaut d'être ostracisé par la presse écrite. « Pendant cinq ans aucun article ne relatait quoi que ce soit me concernant. Dès qu'on arrivait dans une rédaction et qu'il y avait un sujet possible, c'était mis à l'écart[1]. »

L'ensemble de la profession, dans un élan corporatiste, se ligue contre lui. Plus de bras, plus de chocolat, plus de show, plus de promo.

Presse qui roule pas vraiment cool
Presse qui coule me casse les couilles
Vous êtes quelques-uns à vous croire divins
Des pseudo-intellos qui jouez du stylo
Des artistes ratés vous êtes nés frustrés

Sur Nostalgie Belgique, vingt-cinq ans après, Pagny avoue avoir atteint ses limites en matière d'écriture : « Dans une chanson, quand tu mets vingt-deux fois "me casse les couilles", ne me dis pas que tu es un super auteur ». « C'était ma période ado roquet. », rajoute-t-il dans une autre interview, reprise par le journal *L'Express* en 2003.

Sa mère, choquée par ces mots « vulgaires », lui demande s'il ne peut pas remplacer « me casse les

1. *Clique*, Mouloud Achour, Canal +, mars 2020.

couilles » par « me casse les coudes » – « Mais non maman, ça n'a pas tout à fait le même sens ! »

Dans son clip, Pagny essaie de lisser son image. Sa mèche est moins rebelle que la chanson. Il est habillé d'un costume très seyant dans lequel il essaie d'apparaître comme un gendre idéal. Mais rien n'y fait, son coup de colère, marque un vrai commencement de désamour du public, qui ne comprend pas qu'un chanteur qui a tout pour être heureux puisse ainsi s'épancher sur ses petits malheurs, pointant ce doigt vengeur sur cette méchante presse qui ose le harceler.

Là encore, la parodie des Inconnus, « Florent Brunel[1] », qui utilise les mots crus de Pagny dans « Presse qui roule », enfonce le clou, se moquant de ces chanteurs dont la colère ne porte pas plus loin que le bout de leur ego. Bien sûr ce sketch, diffusé à une heure de très grande écoute, n'a d'autre but que de faire rire, mais l'image de la jeune vedette en fera les frais.

Beau joueur, le chanteur, invité en 2020, dans *Clique*, l'émission de Mouloud Achour sur Canal +, reconnaît le talent des Inconnus. Il avoue s'être marré en découvrant cette parodie : « Eux, ils ont toujours été bons. [...] Quand c'est bien, tu rigoles ! »

Le boycott de la presse n'est pas pour rien dans l'échec de son premier concert au Zénith de Paris, mi-janvier 1991. Seul le magazine *Salut* en a parlé.

1. « Florent Brunel » : Didier Bourdon, Bernard Campan, Pascal Légitimus, copyright : Sony, ATV Music Publishing LLC.

Un peu mince, comme promo ! Remplir une salle de 6 200 places en pleine guerre du golfe relève de la gageure. Pourquoi ne pas avoir choisi l'Olympia ou le Palais des sports, comme l'avait proposé le chanteur ? Une des trois dates doit être annulée. Un certain nombre de soucis techniques ont émaillé les deux concerts, rendant impossible toute exploitation phonographique.

Pagny a vu grand et, comme il a carte blanche, il propose un spectacle complet avec un décor et une chorégraphie différents à chaque chanson. La production ne rentre pas dans ses frais. Pourtant, Gérard Louvin avait fini par convaincre son poulain de monter sur une scène importante. Il n'avait pas un répertoire suffisamment étoffé ? Qu'à cela ne tienne. Son producteur lui propose, entre autres, de faire une reprise de sa chanson préférée du moment : « Caruso » de Lucio Dalla, qui raconte avec force envolées lyriques dignes d'un opéra la fin de vie romancée du ténor italien, mort à Naples en 1921. La chanson est aussi émouvante et aussi difficile à chanter que « Nessun dorma » de Puccini. Pavarotti l'enregistre en 1986. Elle devient un tube mondial.

Pendant les répétitions, Pagny s'intéresse à la technique et noue une relation complice avec les techniciens. Ce premier apprentissage lui sera d'une très grande utilité lorsque, quelques années plus tard, il deviendra son propre producteur. Pagny a la faculté de faire de ses échecs des réussites futures.

En ce début 1991, le couple que forment Vanessa et Florent trouve une sorte d'équilibre. Ces deux fortes personnalités se complètent. Les amis de Florent, proches de la trentaine, se mélangent harmonieusement avec ceux de Vanessa, qui sont nettement plus jeunes. La chanteuse a beaucoup de charisme et brille de tous ses feux lors de leurs sorties en soirée. Florent lui apporte sa protection et se montre parfois jaloux. Mais il reconnaît que sa dulcinée est plutôt du genre facile à vivre.

Cependant, cette fragile harmonie va se déliter progressivement sous les coups de boutoir de la « presse qui roule ». Et puis leurs deux carrières n'ont plus rien de parallèle. Vanessa Paradis, en 1988, quelques mois après ses débuts, a été sifflée par les gens du métier, lors du Midem à Cannes. L'adolescente en a été mortifiée. Elle a souvent été vilipendée par cette presse parisianiste et méprisante, se glosant du succès de cette nouvelle « poupée de cire », dont les mots d'Étienne Roda-Gil habillent pourtant la voix comme du Chanel, marque dont elle va bientôt devenir l'égérie.

Mais en 1990, elle va sur ses 18 ans. Et c'est son année.

L'adolescente est devenue femme. Elle vient de rentrer par la grande porte dans le milieu de la mode, en défilant pour Jean-Charles de Castelbajac. Elle reçoit le prix Romy-Schneider, puis le César du meilleur espoir féminin pour son rôle dans *Noces blanches*, le film de

Jean-Claude Brisseau, qui vient de dépasser la barre des 2 millions de spectateurs.

Le film raconte l'histoire d'une lycéenne qui tombe amoureuse de son professeur de philosophie, incarné par Bruno Cremer. « C'est en fait l'histoire d'amour d'une fille de 17 ans et d'un homme qui approche la cinquantaine et qui évolue dans le milieu scolaire, donc c'est d'autant plus interdit… » précise-t-elle. Le tournage n'est pas de tout repos. Brisseau est quelqu'un de tyrannique et d'abusif qui, d'ailleurs, sera condamné dix ans plus tard par la justice pour avoir profité de plusieurs de ses actrices. Vanessa n'a pas été victime de ce type de harcèlement. Mais face à cette personnalité difficile, elle ne se laisse pas faire.

Souvent présent sur le tournage, Florent Pagny ne lâche pas sa dulcinée d'une semelle. Il s'en faut de peu que le réalisateur n'en vienne aux mains avec le chanteur qui lui reproche la perversité de son scénario.

Le 2 février 1990, aux Victoires de la musique, elle rencontre Gainsbourg, qui vient de recevoir une récompense pour l'ensemble de sa carrière. Elle voue une admiration sans borne à ce démiurge de l'art mineur. Il voit en elle une nouvelle égérie, malléable comme l'était France Gall et sensuelle comme l'était BB. Il est donc convenu que Gainsbourg lui écrive un album entier avec Franck Langolff, son compositeur habituel.

Mais, souffrant d'une dépression et diminué par un cancer du foie qui vient d'être opéré, le tailleur de chansons pour dames peine à écrire des textes qui puissent satisfaire l'exigence de sa nouvelle Lolita. Pis, pour la première fois de toute sa carrière, on lui demande de retravailler ses textes. Certaines chansons qu'il propose à la jeune femme sont impitoyablement recalées. Un affront ! Étienne Roda-Gil aurait même apporté incognito une large contribution à l'écriture des textes. Finalement, *Variations sur le même thème* sort en mai 1990 dans les pays francophones et en novembre 1990 à l'international, donnant un élan supplémentaire à la carrière de Vanessa Paradis, qui devient la coqueluche de la mode et des médias. Mais pour les quelques mois qu'il lui reste à vivre, Gainsbourg garde de cette aventure un goût plutôt amer. Il prononcera peu de temps après cette phrase devenue célèbre : « Paradis, c'est l'enfer. »

Les relations entre lui et Florent Pagny ont été plutôt amicales. Cependant leur première rencontre aurait pu très mal se passer. « J'ai eu le privilège de l'avoir à dîner à la maison. [...] Quand la sonnette a retenti, je peux te dire que mon petit cœur battait fort, car recevoir Gainsbourg, ce n'est pas rien. J'ouvre la porte. Gainsbourg rentre. Il passe devant moi... tout droit, pas un mot, pas un regard ! [...] Je me dis : ça va être chaud ! » Gainsbourg, grand timide, est impressionné par ce jeune homme qu'il ne connaît pas. Une fois les présentations faites et la glace rompue, « on passe une excellente soirée [...]. Après, on était copains. Dès qu'il me voyait, ses yeux s'éclairaient et il était content de voir ma gueule arriver dans le studio [1]». Plus tard, il reprendra volontiers quelques-uns de ses titres, comme « La Javanaise », dans une version très intimiste au palais des Congrès en 2011 et « Requiem pour un con », en version techno dans l'album *RéCréation*.

1. Interview accordée pour Off Production, 21 octobre 2019.

8

L'enfer sans Paradis

Dans *Ciné télé revue*, le 23 septembre 2021, le chanteur revient sur sa relation avec Vanessa. « C'était une belle expérience à vivre. J'ai rencontré une jeune fille magnifique, avec bien sûr tout ce que ça implique. Mais les trois ans qu'on a passés ensemble lui ont été très bénéfiques. Après le succès de “Joe le taxi”, tout le monde se moquait d'elle. Et quand on a commencé à vivre notre histoire, les choses ont largement changé et je l'ai vue devenir l'icône qu'on connaît. »

Mais une histoire d'amour dont les protagonistes sont un couple de vedettes peut-elle résister longtemps lorsque leurs deux carrières prennent une forme aussi asymétrique ?

À l'instar de France Gall quelques années auparavant, qui met fin à sa relation avec Julien Clerc pour trouver son pygmalion en la personne de Michel Berger, un homme attend Vanessa outre-Atlantique. Il s'appelle Lenny Kravitz. C'est une pop star montante de renommée mondiale. Quand il vient à Paris en mars 1991, il tombe sous le charme de la jeune fille et lui propose de lui écrire un album entier en anglais, une proposition qui ne se refuse pas, d'autant plus qu'elle est fan de sa pop vintage et de sa coiffure affro.

Finalement, il lui offrira plus que des chansons : une belle histoire d'amour. À l'automne 1991, elle décide de s'installer aux États-Unis. Pagny n'a pas trop le choix : sans faire de drame, il laisse s'envoler l'oiseau de Paradis.

Cette rupture amoureuse, qui semble s'être déroulée de manière pacifique, le laisse exsangue.

En 2016, Pagny se confie au docteur Fogiel sur son célèbre divan : « Elle était trop jeune, trop star. Personne ne savait gérer autour. Quand je l'ai connue j'étais là-haut et je n'ai fait que descendre. Elle n'a fait que monter[1]. »

Peu de temps avant sa rupture, prémices de cette traversée du désert qu'il va connaître pendant plus de deux longues années, il doit séjourner presque une semaine à l'hôpital américain de Neuilly, la clinique des stars. Officiellement, on évoque une grosse fatigue.

1. *Le Divan*, émission de Marc-Olivier Fogiel, France 3, 10 mars 2016.

Plus tard, il avouera dans l'émission *Le Divan*, devant l'émule médiatique de Freud, qu'en fait, « suite à une biture monumentale, [il s'est] retrouvé avec un trou dans le ventre ».

Prenant conscience que l'alcool peut constituer un grave danger pour lui, il se méfiera dorénavant de la dive bouteille. Mais il continuera à utiliser le cannabis comme un médicament, ce qui lui permettra de réguler son hyperactivité. Une étude scientifique menée en 1998 a prouvé que la fréquence des troubles liés à l'abus de substances psychoactives est deux fois plus élevée chez les adultes hyperactifs que chez les non-hyperactifs. Peut-on parler d'automédication ou d'addiction ?

Le fait qu'il ait appelé son chien Ganja ne relève d'ailleurs pas du hasard. Pour les ignorants, dont faisait partie votre serviteur avant d'écrire ce livre, « ganja » signifie « hashish ». Ce bull-terrier plutôt cabot adore la présence des caméras. Il jouera les vedettes américaines dans le clip *Bienvenue chez moi*. Il se chuchote qu'il aurait failli recevoir une nomination aux Césars en tant que révélation canine de l'année 1995 (je plaisante, bien sûr !).

Son fidèle animal de compagnie donne à Florent Pagny force, courage et réconfort dans les épreuves qu'il traverse après sa rupture amoureuse.

Dès la fin de l'année 1991, pour faire face à la déprime qui le guette, il se lance dans la préparation de son deuxième album. Il doit se remettre en question. Ses vies professionnelle et privée prennent un nouveau tournant.

Il garde malgré tout cette confiance en la vie qui lui permet d'avancer coûte que coûte et de rebondir quand il le faut. Il s'éloigne un peu du tumulte parisien, s'installe en proche banlieue, à Sèvres, dans la maison que lui a louée son producteur, Gérard Louvin. Et, quand le blues le guette, il part se réfugier dans sa Bourgogne natale, à Montberhault, près de Semur-en-Auxois, en Côte-d'Or. Il a acheté un ancien moulin, dans lequel il a confortablement installé ses parents et qui deviendra bientôt la demeure familiale. Il se ressource en pratiquant la pêche, l'une de ses activités favorites depuis l'enfance. Le chanteur aime à cultiver ses jardins secrets.

Car pour Florent Pagny, le quotidien n'a rien de rose. 1992 s'annonce comme une *annus horribilis* pour employer l'expression latine signifiant « année horrible » qu'a utilisée la reine d'Angleterre à la même époque.

Sur le divan de Fogiel, il raconte sa dérive dans le monde de la nuit. « Je sortais tous les soirs dans les boîtes. Je me suis mis minable. » Il écrit lui-même le scénario de sa propre déchéance artistique. Il noue pendant quelque temps une relation malsaine avec Béatrice Dalle, qui a sombré dans l'enfer de la drogue. Ses « amis », avec lesquels il se montrait prodigue et qui profitaient sans barguigner de ses largesses, ont préféré suivre les sirènes paradisiaques de son ex-compagne. Il se retrouve seul et qui, plus est, sans le sou. En effet, pendant quelques années, il a oublié de déclarer ses impôts. Or, tout le monde sait que si vous oubliez le fisc, lui ne vous oublie pas. D'arriérés en arriérés, de redressements en redressements, ses revenus et ses biens sont saisis, lui laissant à peine de quoi vivre. Le chanteur, plutôt panier percé, n'a pas fait beaucoup d'économies. « Je ne peux même plus payer mon loyer et ma situation financière avec le fisc mettra deux ans à s'assainir[1]. » Il dort pendant quelque temps dans sa voiture avec son chien Ganja pour seul compagnon.

Comme l'écrivait ce cher La Fontaine dans sa célèbre fable :

La Cigale, ayant chanté
Tout l'été,
Se trouva fort dépourvue
Quand la bise fut venue :
Pas un seul petit morceau
De mouche ou de vermisseau.

Malheureusement, il ne pourra pas compter sur son deuxième album, *Réaliste*, pour redresser la barre.

Sorti en plein été 1992, il est boycotté par la presse et les ventes peinent à dépasser les 70 000 exemplaires, bien en deçà du premier, qui avait atteint des scores tout juste honorables.

1. *Le Divan*, Marc-Olivier Fogiel, France 3, 10 mai 2016.

Aujourd'hui, on peut dire que ce disque est simplement l'album studio qui s'est le moins vendu dans toute la carrière de Florent Pagny. Cet échec a été anticipé par Gérard Louvin, qui, ayant entendu les chansons lors de leur création dans le home-studio que le chanteur s'est aménagé à Sèvres, a tout de suite compris que le succès ne serait pas au rendez-vous, car, pour parler un franglais passé dans le langage courant, *Réaliste* sent la « loose ».

Pour résumer, ça raconte l'histoire d'un mec qui se fait larguer par sa nana et qui se pose des questions existentielles. On a connu plus positif et plus glamour. Même si les chansons sont de qualité, Pagny, à ce moment de sa vie, ne semble pas en phase avec son public.

Le premier single, « Tue-moi », est classé pendant 18 semaines au Top 50, de juillet à novembre 1992, sans dépasser la 24e place. Ce n'est pas lui qui l'a écrit. La chanson fait partie du répertoire de Franck Langolff, qui en a composé la musique, sur un texte de Francis Basset.

Si tu m'admires plus parce que j'ai peur de t'perdre
Si t'as plus pour moi qu'cette tendresse de merde
Tue-moi
Tu m'tueras si tu t'en vas
Simplement si tu t'en vas[1]

1. « Tue-moi », Franck Langolff, Francis Basset, 1992.

Bien sûr, les paroles reflètent son état d'esprit du moment. Toujours aussi lucide, Florent Pagny en parle dans la « story » qui lui est consacrée sur CSTAR en 2016 : « C'est un peu la chanson du cocu de service [...]. Les gens ne se retrouvent pas là-dedans. »

Elle connaîtra une seconde jeunesse quelques années plus tard, quand elle sera reprise dans l'album *Bienvenue chez moi*, très bien réalisé musicalement, avec des pointures, comme David Rhodes, l'arrangeur de Peter Gabriel. La tonalité de *Réaliste* est plutôt sombre. La pochette est à l'avenant. Sur la photo, signée Jean Marie Marion, un compagnon de casting, le chanteur arbore un air grave et une tenue sobre. Sous l'éternel Perfecto, un tee-shirt est d'un blanc immaculé. La partie gauche de son visage disparaît dans la pénombre. Le bleu crépusculaire qui sert de toile de fond est orné d'arabesques, couleur blanc cassé, dessinées par son amie Mamou, la femme de Philippe Starck, dont la disparition brutale quelques mois plus tôt, à la suite d'un cancer, l'a profondément touché. Il lui dédie son album.

Les rumeurs vont bon train sur la déchéance du chanteur. Beaucoup de gens pensent qu'il est fini, qu'il va rejoindre la cohorte des comètes qui se sont volatilisées dans le ciel étoilé des années 1980. Personne ne parie un kopek sur son retour gagnant.

Heureusement, il peut compter sur quelques amis fidèles, ceux qui sont toujours là lorsqu'on traverse une période difficile. Philippe Starck, le designer de génie mondialement connu, fait partie de ces *happy fews*. « On s'est rencontrés quand j'avais 20 ans. J'étais impressionné par cet homme hors du commun. Aujourd'hui, nous sommes toujours amis », confie-t-il à *Luxe magazine* en 2010.

On peut avoir beaucoup de relations et plein de copains, mais les vrais amis se comptent sur les doigts d'une main. Alors que le chanteur est au fond du trou, qu'il vit comme un SDF, le créateur de l'Asahi Beer Hall de Tokyo lui prête une maisonnette de la taille d'un petit T1, sans confort, bordé d'un jardin en bord de Seine, à Issy-les-Moulineaux.

Fini la vie en communauté à Nogent, la villa de Sèvres avec son home-studio intégré, les motos, la collection de voitures anciennes, la fête, les copains. Les courtisans et les pique-assiette sont partis voir ailleurs s'il n'y est plus. Pagny se retrouve nu devant Florent. De chutes de tension en pertes de poids, il erre, cadavérique, dans des soirées, pompé par des vampires se repaissant de sa gloire déjà trépassée.

Boris Cyrulnik a déclaré un jour à un de mes amis : « La résilience, consiste à ne pas faire carrière dans le rôle de victime. » Combien de personnes dans sa situation auraient sombré dans le puits sans fond de la déprime *ad vitam aeternam*, ressassant leurs ressentiments contre la terre entière ? Florent Pagny, quant à lui, a entrouvert la porte. La lumière est entrée. Il a su saisir les cadeaux que la vie lui offrait.

En 1992, le Vietnam, ravagé par la guerre d'indépendance contre les États-Unis, puis par le conflit avec les Khmers rouges, dirigé jusqu'en 1986 par un régime communiste dur, vient à peine de rejoindre les rangs des pays émergents.

Le chanteur est invité à participer à un raid humanitaire, « La route mandarine ». C'est en Harley Davidson qu'il traverse ce pays meurtri pour y distribuer des médicaments. Ce road-trip à moto lui redonne le goût des plaisirs simples et lui permet de sortir de sa déprime : « Sur deux mille bornes, j'ai vu des milliers de personnes, et je n'ai pas croisé un regard me demandant ce que je foutais là. Les gens te reçoivent, ils sont émus, contents de te voir. Ils te respectent en tant qu'individu, et ils ne savent pas qui tu es, chanteur ou autre. Ils ne te voient pas comme un porte-monnaie, même s'ils ont besoin de ton argent. Cela crée de vrais rapports humains et cela fait du bien. On a juste partagé quelque chose d'humain. Je me suis promené dans un pays, je l'ai découvert à fond. J'ai été heureux, je m'y suis retrouvé[1]. »

Ce voyage ébauche une éclaircie dans un ciel chargé de nuages et qui menaçait pluie. Mais se doute-t-il encore que la femme idéale, la princesse karmique brune aux cheveux de jais, qu'il dessinait dans ses cahiers d'écolier, pourrait lui apparaître autrement qu'en rêve ?

---

1. Florentpagny.org.

9

Et un jour une femme : les murs porteurs

Alors qu'il est invité par une amie styliste[1] dans une de ces soirées people dont il raffole depuis ses 18 ans, il la voit apparaître sur le pont de la péniche sur laquelle la fête bat son plein.

Elle ressemble à l'image de ses dessins d'enfant, brune, élancée, les yeux vert émeraude. Ses cheveux lisses tombent sur ses épaules. Son accent ne laisse aucun doute quant à son origine hispanique. De quel pays vient-elle et comment l'aborder ? Pas si facile. Elle se montre farouche. Mais lui, souvent si timide, si maladroit avec la gent féminine, prendra le temps de l'apprivoiser, elle, cette Femme majuscule, à la fois top-modèle et artiste peintre, qui s'est installée depuis peu à Paris et ne maîtrise encore que partiellement

1. Marie Calvet, styliste et habilleuse de Florent Pagny au début des années 1990.

la langue de Molière, elle, dont le prénom, Azucena, signifie « fleur de lys » en espagnol, elle, qui vient de Patagonie, cette contrée lointaine, inconnue et sauvage, à l'envers du monde, au sud de l'hémisphère sud, entre Buenos Aires et les Quarantièmes rugissants. « C'est le vent de Patagonie qui l'a amenée jusqu'ici. Elle est arrivée avec une telle beauté, de quoi fasciner. Puis à un certain moment, tu te dis : "On ne parle pas la même langue, mais il va falloir se faire comprendre quand même[1]." »

Azucena del Luján Caamaño est originaire de Comodoro Rivadavia, une ville d'Argentine située au bord de l'océan Atlantique, dans la province du Chubut. Elle a d'abord rêvé de devenir ingénieur, puis a participé, au milieu des années 1990, à des concours de beauté.

Elle devient en 1984 la lauréate de *Miss Siete Dia*, un jeu télévisé qui départage les plus belles filles d'Argentine et d'Amérique latine : « Je me suis inscrite à tous les concours de beauté qui existaient. Le premier pour lequel j'ai concouru, j'avais 16 ans, c'était pour la soirée étudiante, puis j'ai participé à la Reina del Petróleo, puis Miss Siete Dia[2]. Mais la vérité est que je voulais être ingénieur, et quand j'ai gagné Miss Siete Dia, ils m'ont donné un contrat avec une agence et j'ai commencé à travailler comme mannequin[3]. »

1. Michel Drucker, *Vivement dimanche* spécial Pagny, 21 novembre 2022.
2. « La reine du pétrole » et « Miss sept jours ».
3. ADNSUR+ traduit de l'espagnol par Éric Peron, assisté par monsieur ou madame Google traduction.

Finalement, contrairement à son cher et tendre, qui a réalisé son rêve de gosse en devenant chanteur, elle n'est jamais devenue ingénieur. Mais on est en droit de penser qu'elle a gagné au change.

En 1984, dans le pays d'Azucena, Miss Siete Dia revêt plus d'importance encore que le concours de Miss Argentine.

À 17 ans, elle évolue dans le monde de la mode et de la publicité. Elle suit en parallèle des cours du soir et passe l'équivalent du baccalauréat technique en physique et mathématique Elle reste quatre ans à Buenos Aires, puis décide de partir en Europe. « En principe, je partais un an pour tenter ma chance et voir ce qu'était la vie. Je voulais connaître l'Europe et les racines de ma grand-mère maternelle, qui avait encore de la famille en Espagne. Je suis allée travailler et je suis arrivée un lundi et le mercredi je travaillais, et je ne me suis plus arrêtée. »

Sa carrière décolle lorsqu'elle décide de s'installer à Milan, considérée comme la capitale de la mode. Sa vie professionnelle l'amène à Paris, puis un soir d'hiver 1993, sur cette péniche, son existence prend un tournant décisif, lorsqu'elle rencontre ce chanteur populaire en France, dont elle ne connaît pas la musique et qui semble s'ennuyer ferme au milieu de tous ces jeunes gens qui s'amusent et font la fête.

Lors de leur première rencontre, le coup de foudre n'a rien de réciproque. Elle voit encore en lui ce SDF de luxe accompagné de son étrange chien. Comme il n'a jamais été très à l'aise pour aborder une femme qui lui plaît, la belle Azucena croit qu'il la boude. « J'avais une manière de draguer qui était un peu bizarre à l'époque. Je n'ai jamais été très bon en drague. Et c'est vrai qu'à un moment, elle s'est dit : "Il est bizarre, celui-là." Mais on lui a dit que c'était peut-être ma façon de draguer[1]. »

Ils se croisent dans d'autres soirées. Elle découvre en lui une âme jumelle d'une tendresse infinie. Au bout de quelques mois, ils s'installent ensemble dans ce local d'une quarantaine de mètres carrés en bord de Seine, prêté par Philippe Starck. Les toiles d'Azucena recouvrent les murs de ce nid d'amour au confort sommaire, qui fleure si bon la bohème.

Financièrement, le chanteur vit une situation critique. Le fisc continue à lui saisir la quasi-totalité de ses revenus. La belle Argentine se pose des questions légitimes concernant l'avenir de son nouvel amant. Car le Tout-Paris des ragots ne manque pas d'avertir la jeune top-modèle que Florent Pagny est *has been*, que sa carrière a un pied dans la tombe et qu'il n'y a plus rien à attendre de lui. Juste avant le début de leur relation, elle lui pose à brûle-pourpoint la question qui fâche : « Pourquoi tout le monde me dit que tu es fini, que tu es mort ? » Cette franchise n'est pas sans déplaire à son nouvel amoureux, qui, loin de nier la situation délicate dans laquelle il se trouve, lui répond sans ambages que ce n'est pas faux, il est un peu fini pour le moment. Mais il rajoute immé-

1. Laurent Delahousse, *20 h 30 Le Dimanche*, 9 juin 2019, France 2.

diatement : « Si tu restes avec moi, ils ne savent pas de quoi je suis capable[1] ! »

Comme le chantait Édith Piaf, « sans amour on n'est rien du tout ». Or, Pagny aime l'amour. Il lui donne des ailes et lui permet de soulever des montagnes : « À une certaine époque, on me croyait fini : c'était mal me connaître ; j'avais besoin de retrouver une motivation et je l'ai retrouvée en rencontrant ma moitié. J'ai besoin d'être amoureux pour faire les choses bien. Seul, je ne fais rien. »

Après cette rencontre, il ne sera plus le même homme. Le pacte entre Florent et Azucena, sa fleur de lys, est maintenant conclu. Elle sera sa muse, sa source de courage, son associée, son amoureuse et bientôt la mère de ses enfants… pour résumer : la femme de sa vie. Très vite, il l'amène à Montberthault, dans ce Moulin Cattin, que Florent a offert à ses parents et qui, une fois rénové, est devenu la demeure bourguignonne de la famille Pagny.

Florent plane sur son nuage. Azucena, quant à elle, ne se sent pas très à l'aise mais elle sera très vite adoptée par le clan.

---

1. Valérie Alamo, Stéphane Deschamps, *Florent Pagny. L'homme qui marche*, Paris, hors collection, 2018.

10

Savoir rebondir : les chemins de la résilience

Il ne fait aucun doute que cette rencontre amoureuse lui donne la force de rebondir.

D'autant que, dès janvier 1993, le vent commence à tourner dans le bon sens. De nouvelles opportunités se présentent à lui. Jean-Jacques Goldman, le grand prêtre des Enfoirés, organise un concert hommage à Michel Berger, décédé brutalement quelques mois plus tôt. Il lui faut des chanteurs à voix pour interpréter les chansons de *Starmania*, si difficile à chanter, surtout celles de Johnny Rockfort, *alias* Balavoine, dans la version originale de l'opéra-rock. Pagny semble être un des rares à pouvoir relever le défi.

Dans la Grande Halle de La Villette, il chantera « Banlieue Nord » en duo avec l'humoriste Smaïn : « Je m'appelle Johnny Rockfort Je suis né dans la Banlieue Nord… »

Mais déjà se profile l'idée d'enregistrer un nouvel album. Un échec n'est plus possible. Le chanteur ne s'en relèverait pas. Florent Pagny commence à comprendre les limites de son écriture. Il a besoin de nouveaux auteurs et compositeurs.

Un certain Sam Brewski va lui écrire trois chansons, dont deux, « Est-ce que tu me suis ? » et « Si tu veux m'essayer » seront les titres phares de l'album. « C'était une chanson qu'il possédait déjà et qu'il avait proposée à quelqu'un mais la personne n'assumait pas[1]. »

Les paroles semblent être une sorte d'éloge à l'amour libre : je t'essaye, tu restes ou tu me jettes. « Quand il me la propose, je fais : "Hmm, c'est vrai qu'elle est un peu spéciale, mais en même temps, elle sonne super bien. C'est un vrai tube. Il ne faut pas passer à côté[2]." »

Si tu veux m'essayer
Mes mots mes caresses
Me prendre ou me jeter
Sans que l'on se blesse

1. *Clique*, Mouloud Achour, Canal +, mars 2020.
2. *Ibid.*

Ces propos semblent assez inhabituels dans la bouche de Florent Pagny, qui est plutôt fidèle en amour. D'ailleurs, sa nouvelle compagne Azucena n'apprécie que modérément la chanson.

Ce fameux Brewski vient de signer le dernier hit de Patricia Kaas, « Il me dit que je suis belle », qui a cartonné au Top 50. Mais qui est ce nouvel arrivant dans l'univers restreint des faiseurs de tubes ? Personne ne le connaît, pourtant ! Eh bien si, justement, tout le monde le connaît, mais pas sous ce nom. Qui est donc cette célébrité cachée ? Allez un petit indice : Brewski, c'est le nom qu'utilisent certains Juifs américains pour désigner la bière. Monsieur Point d'Interrogation serait donc de confession juive... Trop dur à trouver ? Relisez le premier paragraphe de ce chapitre... Allez, je vous raconte tout.

Pendant le spectacle des Enfoirés, Pagny en profite pour solliciter la collaboration de l'homme qui transforme les chansons en disques d'or. Il lui demande même de lui écrire un album entier. Goldman décline la proposition mais il accepte ce qu'il avait refusé précédemment pour *Réaliste* et ce qu'il refusera plus tard à Michel Sardou qui, lui aussi, sera bientôt en quête de nouveaux auteurs. Non content de lui écrire des chansons, il lui présente son équipe, des anciens du groupe Canada, formation avec laquelle il a débuté à la fin des années 1970. Jacques Veneruso, Gildas Arzel et Erick Benzi, qui composent la team Goldman, vont concevoir

Rester vrai, le nouvel album studio de Florent Pagny, qui sort en mars 1994.

L'ensemble sonne plutôt pop rock, tel ce duo avec « le taulier », Johnny Hallyday, une reprise du groupe Canada. Florent et Johnny ont déjà chanté ensemble « Toute la musique que j'aime » le 2 septembre 1992 lors d'un de ces *Sacrées soirées* dans lesquelles le poulain de Gérard Louvin semblait avoir pris un abonnement à vie. Ils se sont un peu chambrés dans les coulisses, mais le courant est bien passé entre eux. Pagny a apprivoisé le fauve gentil et le grand Johnny se sent à l'aise avec son cadet. Il lui glisse même un compliment rare : « En trente ans que j'fais ce métier, tu es le seul que je n'ai pas coincé ! », auquel Pagny répond : « Putain, la flatterie que tu me fais là ! »[1].

Lors de l'enregistrement de « Jamais » s'instaure une saine émulation, façon *battles* de *The Voice*. Ils poussent leur voix au maximum de leur puissance. La quintessence du rock'n'roll. Ce duo ne sera pas mis en avant par leur maison de disques et Johnny ne souhaite pas voir sa photo sur la pochette. Mais le « boss » ne manquera pas d'inviter Pagny lors de ses méga-concerts au Stade de France en 1998, à la tour Eiffel en 2000 ou en 2003 au Parc des Princes et en 2013 lors du Born Rocker Tour à Bercy.

Après le décès de Johnny, en décembre 2017, Florent Pagny exprimera sa tristesse de voir ainsi disparaître

1. Éric Chemouny, *Florent Pagny. Le libre chanteur*, *op. cit.*

celui qu'il considérait un peu comme un grand frère. « J'ai passé ma vie avec lui... Ça fait bizarre de se dire qu'il ne va plus être là, c'était vraiment un pote. Mon deuil a été bizarre, surtout que j'étais en tournée. Certains concerts, je n'y allais pas de gaieté de cœur... C'est quelqu'un de notre famille qui part[1]. »

« Rester vrai » donne son titre au troisième album de Pagny. Dans cette chanson, dont il a écrit les paroles et la musique, il affirme son envie de ne ressembler à personne, de garder sa liberté, son authenticité, de rester lui-même.

Rester vrai, c'est compliqué
Comment se trouver, sans ressembler

Il y parle de « seconde naissance » et force est de constater que ce CD, marqué par les chansons de Goldman dont on reconnaît la patte derrière le pseudonyme de Brewski, et qui se vend quand même à 300 000 exemplaires, annonce la renaissance de ce chanteur multifacettes qui n'a pas fini de nous étonner.

Enregistré au Grand Rex le 27 janvier 1994 et télédiffusé sur TF1 le 5 février, le spectacle des Enfoirés auquel l'a invité Jean-Jacques Goldman va également contribuer à le remettre en selle. Devant quelques

1. *VSD*, janvier 2018.

millions de téléspectateurs, il interprète, avec Carole Fredericks et la chorale Les Chérubins de Sarcelles, une version mémorable de « Oh Happy Day ». Dans ce tube gospel créé par The Edwin Hawkins Singers et Dorothy Morrissn en 1967, la voix de Florent Pagny rivalise de puissance avec celle de la chanteuse américaine.

Dans *Portrait d'un éternel rebelle* d'Éric Le Bourhis, Marie-Pascale, la sœur de Florent, qu'il embauchera comme choriste pendant plusieurs années, se confie : « Le lendemain de la diffusion, on s'est passé des coups de fil. Il me disait : "C'est génial, il se passe un truc." Cet épisode l'a vraiment reboosté[1]. »

Dans l'inconscient collectif, le chanteur gagne ce statut de grand interprète, sur lequel il ne manquera pas de s'appuyer pendant le reste de sa carrière.

Après le demi-échec du Zénith 1991, Florent Pagny souhaite de nouveau monter sur scène, choisissant cette fois une salle plus adaptée.

Les 28 et 29 novembre 1994, il investit non sans émotion la scène de l'Olympia, sur laquelle les fantômes de Piaf, de Brel, de Montand viennent encore chanter certaines nuits de pleine lune. Comme il commence à s'intéresser à la production de spectacle, il ne commet pas les mêmes erreurs qu'en 1991 : il réduit la voilure. Plus d'artifices coûteux. Sobriété, convivialité et

1. Éric Le Bourhis, *Florent Pagny. Portrait d'un éternel rebelle*, *op. cit.*

émotion, tels sont des mots d'ordre. De subtils jeux de lumière le mettent en valeur. On joue à guichets fermés.

Deux ans et demi plus tard, le music-hall du boulevard des Capucines qui a été racheté par la Société générale devra fermer ses portes pendant des mois et sera déplacée quelques mètres plus loin, gardant cependant la même façade. La salle est reproduite à l'identique. Le chanteur retrouvera-t-il les mêmes émotions lorsque, quelques années plus tard, il investira cette scène mythique ? En tout cas, il fera preuve d'originalité en programmant sa rentrée parisienne au milieu de l'été 2003, l'année de la canicule, puis en 2008, entre le 14 et le 19 juillet.

Après son premier Olympia, une tournée dans toute la francophonie est organisée. Il peine à remplir les salles. Mais, malgré le trac qui le paralyse avant chaque spectacle, l'ambiance reste conviviale et familiale. Parfois son chien facétieux lui vole la vedette.

Il joue l'un de ses derniers rôles au cinéma sous la direction de son ami Fabien Onteniente dans *Tom est tout seul*, une comédie dont il occupe le rôle principal avec Jean Rochefort. Sorti en janvier 1995, le long-métrage, qui ressemble plus à un téléfilm qu'à une superproduction, est un échec. Comme si le cinéma, ne voulant pas de Pagny, et lui disait : « Retourne chanter ! » Il incarne le personnage d'un looser qui s'est fait larguer, manière sans doute de solder cette période « un peu étrange » qu'il vient de vivre.

La presse écrite l'ignore toujours superbement et il n'a pas encore totalement redressé son image, mais il a repris le bon chemin et surtout, il n'est plus tout seul. Le phénix Pagny renaîtra vraiment de ses cendres en 1995.

11

Bienvenue chez moi

En ce milieu de décennie, son image a changé. Fini le jeune rebelle parodié avec génie par Bernard Campan des Inconnus et dont la mèche semblait plus rebelle encore que le personnage. Il a abandonné son éternel Perfecto de cuir, retiré ses boucles d'oreilles qui lui donnaient ce faux air de Vache qui rit, dont se moquait gentiment Azucena. Ses cheveux coupés court révèlent sa maigreur et ses traits creusés, comme des stigmates des deux années difficiles qu'il vient de vivre.

Grâce à ses duos remarqués aux Enfoirés, il est enfin devenu dans l'esprit du grand public ce chanteur à voix qu'il n'a jamais cessé d'être. Avec son nouvel album, il va transformer l'essai. Après ses multiples déboires avec le fisc, Florent Pagny a besoin d'argent. Il se rapproche de Phonogram, sa maison de disques. Constatant que le chanteur commence à reprendre du poil de la bête (pas assez pour susciter l'intérêt des médias qui le considèrent comme cramé), celle-ci flaire la bonne affaire : « Tiens, pourquoi ne ferais-tu pas une compilation ? » Coûts de production proche de zéro pour maximum de ventes : le paradis du businessman ! En général, c'est bien connu, les maisons de disques, devenues des majors, n'aiment pas prendre de risques. Le temps béni des Eddy Barclay, qui laissaient leurs jeunes talents faire leurs classes pendant des années, n'est plus de mise.

Bien qu'il soit financièrement rincé, Pagny refuse d'abord cette proposition avant de se raviser. Il la fera, cette compilation, d'accord, mais à ses conditions. Il propose à sa maison de disques d'enregistrer une sorte d'Alien, qui tient tout à la fois du best-off et de l'album studio. Il souhaite y faire figurer quelques-unes de ses anciennes chansons, dont « N'importe quoi » et « Laissez-nous respirer » qui n'ont pas encore été intégrées dans aucun album. Il a également l'idée d'y interpréter les duos qui lui ont si bien réussi lors des spectacles des Enfoirés ou dans *Taratata* et, cerise sur la pièce montée, il va ajouter une chanson inédite.

Moue dubitative de Pascal Nègre, le nouveau patron de Polygram, et d'Yves Bigot, le directeur de Phonogram, qui voient s'envoler les profits juteux à peu de frais. Mais ce grand instinctif finit par les convaincre du bien-fondé de son projet.

La seule chanson entièrement originale, « Bienvenue chez moi », est signée Erick Benzi, un ancien du groupe Canada. Elle donne son titre à l'album.

C'est du Goldman Canada Dry : le texte et la musique ressemblent à du Goldman, ça sonne comme du Goldman, mais ce n'est pas du Goldman. Sur un rythme entraînant et des paroles qui mettent de bonne humeur[1], elle nous amène dans le fief bourguignon du chanteur, à Montberthault, en Côte-d'Or.

Dans le clip en noir et blanc signé Thierry Rajic, qui réalise aussi la pochette de l'album, Pagny déambule dans sa propriété, tel Brad Pitt dans *Et au milieu coule une rivière*. Ganja, le fidèle bull-terrier, y joue les vedettes américaines. Cette atmosphère bucolique et décontractée qui transparaît dans le clip est conforme à la réalité. Florent Pagny et ses musiciens débarquent en plein été dans la propriété. Avec sa retenue d'eau, sa vaste maison d'habitation et ses multiples dépendances, son cadre champêtre, le lieu donne à ses visiteurs des envies de… vacances. Dans une grange de cet ancien moulin transformé en usine électrique au début du XXe siècle puis laissé à l'abandon avant d'être racheté par le chanteur, un home-studio a été installé.

Les chansons inédites de l'album sont enregistrées en toute convivialité, entre parties de ping-pong et parties de pêche, quelques repas pris en commun dans une

1. Les amateurs d'anglicismes parleront de *feel good*.

ambiance potache et quelques promenades le long du Serein ou dans la campagne environnante.

Tu seras bienvenu chez moi
Bienvenu chez moi
Pour partager l'ivresse, les doutes, les peines et les joies
Bienvenu chez-moi
Tu seras bienvenu chez moi
Si tu n'abandonnes pas
Si tu vaux plus que ce que tu crois.

Au départ, Pagny voulait mettre en avant le titre « Jamais », son duo avec Johnny, figurant sur *Rester vrai*, mais notre rocker national, qui devait assurer la promotion de son nouvel album *Lorada*, n'était pas tout à fait d'accord. Cependant, notre Bourguignon est tellement fier d'avoir chanté avec l'une de ses idoles, et du résultat, qu'il ajoute ce rock à la liste des reprises. Quant à sa performance avec Carole Fredericks et Les Chérubins de Sarcelles dans « Oh Happy Day » lors de la tournée des enfoirés, elle a bénéficié d'un tel buzz qu'il est impossible qu'elle ne figure pas sur la compilation. La chanson fera partie des trois singles extraits de l'album.

Depuis 1993, une émission musicale, *Taratata*, « goupillée par Nagui et dégoupillée par Gérard Pullicino », a révolutionné le monde de la télévision. Plus de play-back rasoirs, les artistes, vedettes françaises et internationales, filmés comme au cinéma, passent en direct ou dans les conditions du direct, accompagnés de leurs musiciens, comme s'ils se produisaient en concert. Charge à l'invité de concocter quelques duos détonants qui feront la légende de ce programme. Et dans ce domaine, Florent Pagny, présent dès la première émission, en janvier 1993, est ce qu'on appelle un bon client.

Dans le 61e numéro de *Taratata* diffusé le 14 octobre 1994, le chanteur, qui en est la vedette, invite Lucio Dalla pour interpréter avec lui « Caruso », le tube aux accents opératiques qu'il a créé lors d'un concert au Village Gate de New York en 1986 et qui a été rendu célèbre dans le monde entier par Luciano Pavarotti.

Florent Pagny l'avait déjà chanté au Zénith en 1991. Le courant passe bien entre les deux artistes et le duo marquera les esprits, révélant au grand public que Florent Pagny est l'un des rares artistes de variété à pouvoir chanter de l'opéra. « Lucio Dalla expliquait à Luciano Pavarotti que la meilleure version de "Caruso", c'était un petit Français qui la chantait. J'étais un peu étonné, car j'adore la version de Pavarotti. [...] En fait, cette chanson est lyrique, mais en même temps, elle est moderne et quand Luccio la chante, il n'y a que le côté pop qui ressort, mais le côté lyrique, il ne l'a pas vraiment. Quand on entend Pavarotti, il n'y a que le côté lyrique qui ressort, mais le côté pop, il ne l'a pas vraiment. Et moi, j'arrivais à mixer les deux, et ça le fascinait. Donc, il en faisait ma publicité », confie Florent au micro de Jacques Pessis sur Sud Radio.

Enregistré par le Bourguignon en version studio et en solo dans *Bienvenue chez moi*, puis sorti en single début 1996, « Caruso » va devenir un très grand succès, permettant à l'album d'atteindre le million et demi d'exemplaires vendus. Jamais Pagny n'avait atteint de tels chiffres de vente. Ainsi a-t-il rejoint le club très fermé des très gros vendeurs de disques.

Parmi les duos de légendes filmés dans *Taratata*, « I Don't Know », qu'il interprète avec Achinoam Nini, que l'on connaît mieux sous le nom de Noa. Cette jeune Israélienne de 26 ans s'accompagne au tam-tam. Elle est alors inconnue du grand public mais, grâce à cette émission, Florent Pagny fera décoller sa carrière dans l'Hexagone. « Il faut dire qu'elle fait partie d'une communauté très solidaire et enthousiaste. [...] J'ai eu et j'ai eu beaucoup de potes juifs dans ma vie. *Taratata* étant passé en Israël, j'ai vraiment acquis mes lettres de noblesse là-bas. Ils étaient très fiers que leur première chanteuse entre sur le marché français et ils m'en sont un peu reconnaissants[1]. »

Plus de vingt-cinq ans plus tard, pour souhaiter comme il se doit le soixantième anniversaire de Florent Pagny, Noa lui envoie – *via* Facebook – ce message de sympathie et de gratitude : « Joyeux anniversaire, Florent Pagny... Je n'oublierai jamais l'immense opportunité

1. Éric Chemouny, *Florent Pagny. Le libre chanteur*, *op. cit.*

que tu nous as offerte il y a de nombreuses années, en nous invitant Gil et moi à Taratata, où tu as chanté notre chanson "I Don't Know" avec nous… ! C'est devenu un succès du jour au lendemain après cette apparition ! Merci ! Je t'invite à venir nous voir en *live*, après toutes ces années, en décembre quand nous reviendrons en France. En attendant, profite bien de ton anniversaire où que tu sois, je t'envoie tout mon amour ».

« I Don't Know » fait partie des nouvelles chansons qu'il enregistre en solo dans *Bienvenue chez moi.* Dans la discographie d'un autre chanteur, un tel album semblerait avoir été conçu selon un simple concept marketing. Or, comme le dit si bien Lionel Florence dans l'entretien qu'il m'a gentiment accordé, Florent Pagny est quelqu'un d'authentique et c'est la clé de sa popularité.

Le titre « Bienvenue chez moi » traduit une manière d'être, de se comporter, une proximité avec les autres, quel que soit leur rang social, une simplicité dans les rapports humains. Autant de qualités rares chez quelqu'un qu'on pourrait qualifier de star. Combien de fois n'ai-je lu ou entendu à son sujet cette phrase qui revient comme un *leitmotiv* : « Il n'a pas la grosse tête » ? Cette simplicité empreinte d'empathie devient une force, comme en témoigne son récital au Cirque d'hiver, en janvier 1996.

Là, pour échapper au trac qui le tenaille quelques heures avant le début du concert, il casse les codes. Il a cette idée innovante mais risquée d'aller accueillir lui-même le public. « Je n'aimais pas la scène avant. C'était deux heures d'angoisse avant, deux heures où tu donnes toute ton énergie, et puis deux heures légume. Ici je reçois les gens, je vois les premiers arriver, ils doivent se dire : “Ils ont mis des sosies...” Leur tronche m'enlève le trac[1]. » Le public lui sait gré de cette proximité. Il est évident qu'il ne se prend pas pour une star. Au Cirque d'hiver, le tour de chant commence sur les chapeaux de roues avec trois tubes d'affilée : « Bienvenue chez moi, » « N'importe quoi », « Si tu veux m'essayer ». Son interprétation de « Caruso », qui lui vaut une standing ovation, constitue le point d'orgue de ce tour. Bien avant Liane Foly, il reprend « La vie ne m'apprend rien » de Daniel Balavoine, qu'il admire. Il chante « Oh Happy Day » avec Zazie, qui a assuré la première partie du spectacle.

En mars 1995, Florent Pagny crée sa propre société : Cuadrada Production. Il a maintenant la main sur ses propres spectacles, s'affranchissant ainsi de la tutelle de Gérard Louvin.

Il s'adjoindra bientôt les services de Jean-Claude Camus, qui travaille déjà avec Johnny, Sardou et bien d'autres. Ironie de la programmation, en septembre 1995, Lenny Kravitz – qui avait remplacé Florent dans le cœur da Vanessa Paradis –, vient, lui aussi, de faire une prestation remarquée au Cirque d'hiver. Le Bourguignon s'est

1. Article d'Hélène Hazera, *Libération*, 16 janvier 1996.

toujours senti à l'aise dans cet ancien théâtre équestre de 1 800 places inauguré en 1852, devenu entre-temps la salle de concert attitrée de l'orchestre Pasdeloup. Il y a d'ailleurs tourné son premier clip, « N'importe quoi ».

Depuis son inauguration par le prince Louis Napoléon Bonaparte, qui deviendra quelques mois plus tard l'empereur Napoléon III, le Cirque d'hiver a toujours été un lieu polyvalent où peuvent se succéder des spectacles de cirque, de variétés ou des meetings politiques. Le Cirque d'hiver est le point de départ d'une tournée à travers la France, qui fait escale en Suisse et s'achève sur la scène de Bercy. Là, comme à l'accoutumée, Florent Pagny vient saluer les spectateurs avant d'entamer un tour de chant à l'image de celui qu'il a donné au Cirque d'hiver.

Forte de son succès, cette tournée confirme le retour en grâce de Florent Pagny. Un bonheur ne venant jamais seul, le voici bientôt papa. Il donne à son fils un prénom amérindien d'origine quetchua. Inca Pagny voit le jour le 17 mars 1996. Sa fille Ael naîtra trois ans plus tard. En 2006, Azucena perd son statut de compagne pour gagner celui d'épouse.

Le chanteur qui passe d'un continent à l'autre et dont la vie de famille est comblée est en passe de trouver la stabilité et l'équilibre qu'il a toujours cherchés.

12

Les jardins secrets de Patagonie

Interrogée par Julie Obispo sur son compte Instagram, Azucena définit son mari comme « une machine de guerre » qu'il faut suivre.

Face à cette perpétuelle tornade, elle se pose en « productrice, manager secrète, logisticienne, organisatrice dans quatre pays différents, deux continents ». Elle ajoute : « Il fait le tourbillon devant et je balaye derrière. » Leur complémentarité semble être la clé, non seulement de la réussite du chanteur, mais aussi de la longévité de ce couple, qui fonctionne plutôt dans le dialogue. Dans une interview parue dans la version suisse de *Paris Match* le 12 novembre 2021, Florent Pagny délivre le secret de son équilibre : « En parallèle de ma carrière, depuis presque trente ans, j'ai rencontré la femme que j'aime, j'ai eu des enfants, j'ai construit ma famille. On gère tout ça très bien et on reste tous unis, et à la fois chacun avance dans sa propre vie. Donc ça apporte un équilibre au milieu de quelque chose qui aurait pu être déséquilibrant : la notoriété et tout le reste. »

Comme le dit Laurent Zerat, son ami médecin, il y a un avant et un après Azucena.

Grâce à elle, le prince de la nuit s'est assagi. Mais cet hyperactif aurait-il trouvé une telle harmonie dans son existence, sans la Patagonie ?

En 1997, le couple décide d'aller vivre la moitié de l'année dans le pays de la belle Azucena. Quelque temps auparavant, pour officialiser leur relation, elle l'avait amené à l'autre bout du monde, en Argentine, pour le présenter à ses parents, qui lui avaient fait visiter la Patagonie. Florent avait été embarqué pour un périple de 6 000 kilomètres en voiture, au milieu de la pampa argentine, dans un décor à couper le souffle, entre Atlantique et cordillère des Andes, là où la route 25 dessine son long ruban sur tant d'hectares de rocailleuse solitude. Ils l'ont conduit jusqu'à la Terre de feu. Devant tant de merveilles, le voici « transporté » dans tous les sens du terme.

Contemplant ces étendues sauvages aussi vierges que l'était le Far West du temps de pionniers, il sent souffler sur lui comme un vent de liberté, ce vent tenace qui traverse les plaines, que les Indiens mapuches ramènent d'au-delà. Entre lacs et océan, steppes et forêts, montagnes et plateaux, s'étend le Chubut avec ses 589 000 habitants répartis sur une surface presque équivalente à la moitié de la France.

Cette terre de contrastes connaît les rigueurs d'un climat sec et aride, mais aussi, à certains endroits, la chaleur méditerranéenne ou la douceur océanique. Cette contrée perdue dans le sud de l'hémisphère sud deviendra donc sa terre par alliance.

Une sensation franche
Cette lumière blanche
J'ai enfin trouvé
La paix que je cherchais[1]

Dès qu'il en foule le sol, une autre vie s'offre à lui : « *Ce qui se passe en Patagonie est tellement naturel. C'est l'opposé de tous nos problèmes d'aujourd'hui : l'eau coule dans la* rivière, *tu peux encore te baisser et la boire, l'air est sain, la bouffe est saine* »[2].

Florent Pagny fait partie des premiers « Occidentaux » qui se sont installés dans ce coin de l'hémisphère sud. Pourtant, s'il a acheté là 4 000 hectares de terres, ce n'est pas dans un but spéculatif, mais pour voir grandir ses enfants dans un endroit qui l'a conquis d'emblée et où il désire cultiver son jardin secret.

1. « Terre », paroles Jean-Marie Marier, Benjamin Raffaëlli, musique Patrick Dupont.
2. Annie Réval et Bernard Réval, *Florent Pagny. Libre et vivant*, Paris, Volum Editions, 2009.

Au fil des années, un grand nombre de milliardaires et de multinationales se sont intéressés à cette contrée sauvage et en ont racheté des pans entiers, tel le Britannique Joe Lewis qui, après s'être enrichi en spéculant sur la monnaie, s'est offert là-bas une propriété dont la surface équivaut à celle de la ville de Paris. Ted Turner, le patron de CNN, ou George Soros ne sont pas en reste. Le voisin direct de Florent Pagny n'est autre que Benetton qui, fort de ses 900 000 hectares, est devenu le plus gros producteur de laine de la région.

Un conflit oppose depuis des années la multinationale avec les autochtones, des Indiens mapuches qui auraient été spoliés de leurs terres. De très riches spéculateurs font main basse sur les ressources hydrauliques qui, avec les effets du réchauffement climatique, risquent de se raréfier dans les années à venir. Déjà dans ces contrées plutôt arides, des incendies ravageurs parcourent des hectares de forêt ou de steppe, laissant derrière eux un spectacle de désolation.

D'ailleurs, en février 2015, en plein cœur de l'été austral, Florent Pagny a failli voir partir en fumée son havre de paix construit au bord du lac Cholila. Après être allé prêter main-forte à ses voisins pour tenter de sauver leurs habitations, il a dû abandonner sa maison qui, par bonheur, n'a pas été touchée par les flammes. Il est ensuite allé réparer les pompes à eau épargnées par l'incendie.

Ayant vécu son enfance dans la riante Bourgogne, Florent Pagny a l'âme d'un fermier.

Dès qu'il franchit de seuil de son *estancia*, il devient ce *gaucho* de la pampa qui, vêtu de son poncho, conduit à cheval son bétail aux estives. Il parle dans la langue de Cervantes et veille à la bonne marche de son exploitation. Il prête main-forte à ses *peones*[1] pour la *esquilada*[2], choisit lui-même des têtes de bétail lors des ventes aux enchères.

Près du lac Cholila, il cultive la luzerne sur ses terres peu fertiles et, contrairement à son encombrant voisin – la société Benetton –, il entretient des relations cordiales avec les autochtones. Là-bas, peu de confort. Il faut aller chercher l'eau là où elle est. Les communications passent mal. La faible densité de population multiplie les distances. L'étourdi qui oublie d'acheter du pain est quitte pour refaire 50, voire 100 kilomètres en voiture. Mais parfois, ne pas être esclave du progrès peut rendre libre.

En tant que chef d'entreprise avisé, Florent a réalisé des investissements qui se sont avérés des plus rentables. Son exploitation agricole est bénéficiaire. Lorsqu'il s'absente, il peut compter sur ses beaux-parents avec lesquels l'entente est optimale pour prendre le relais et surveiller sa ferme. Avec la gentrification de la région, ses biens ont pris de la valeur, augmentant substantiellement son

1. Valets de ferme, ouvriers agricoles.
2. Tonte des moutons.

patrimoine. À l'initiative d'Azucena, le couple décide d'exploiter la rose musquée, cette fleur endémique et vivace qui prolifère dans ces contrées sauvages, pour en faire des tisanes, des huiles, des élixirs, des crèmes de jour, des crèmes de nuit, des shampoings… Une gamme de produits de beauté de luxe, entièrement bio, qu'ils vendent *via* Internet sous la marque de Rosazucena.

Le revers de la médaille, ce sont bien sûr ces allers-retours incessants d'un continent à l'autre, fatigants à la longue. C'est aussi l'absence de confort, l'isolement, le manque de structures médicales, qui ont failli être fatales à Odile Pagny venue le visiter sur ses terres australes.

Sur le canapé rouge de *Vivement dimanche*, le chanteur raconte à Michel Drucker comment il a dû amener sa mère atteinte d'une pleurésie à l'hôpital le plus proche, situé quand même à plus de 200 kilomètres. Il est d'abord allé consulter le seul médecin disponible, à 50 kilomètres de chez lui. Face à l'urgence de la situation, la doctoresse lui intime l'ordre de se présenter le lendemain à la première heure. Il arrive à 9 heures, le bec enfariné, car il aurait fallu être présent deux heures plus tôt.

Heureusement, le médecin a pu organiser une prise en charge à l'hôpital. « Il fallait réagir vite. On est arrivés juste à temps parce que quand on commence à se remplir les poumons d'eau il ne faut pas dépasser un certain niveau sinon on ne peut plus résorber. Et là elle était pile poil, 24 heures de plus, ma mère ne serait plus là. Mais elle a été sauvée grâce à cette toubib qui a réagi super bien. »

Pour remercier la doctoresse, qui vient de sauver sa mère, il lui offre un de ses disques, et lui tend un billet de 100 dollars. Elle accepte le disque mais refuse le billet avec véhémence en lui disant : « Si je voulais être riche, je ne serais pas là. Je fais ça parce que j'ai cette vocation et que je veux aider ces pauvres gens. Et en effet, c'était un vrai hôpital, je dirais presque de brousse. » Et Florent Pagny d'ajouter, l'œil pétillant et le sourire malicieux : « Et un jour, elle m'a couru après dans la rue car elle avait tellement aimé mon disque qu'elle voulait me faire un cadeau. Elle m'a offert une bouteille de rouge[1]. »

Précisons que cette femme médecin n'avait aucune idée de la notoriété dont bénéficie le chanteur dans des pays comme la France, la Suisse ou la Belgique. Florent Pagny a besoin, pour son équilibre, d'être un anonyme parmi les anonymes. Là-bas, on le voit comme un notable, un gentleman Farmer, un néo-Patagon venu s'installer sur les terres de son épouse. Il n'a rien d'une star mondiale. Sa notoriété ne dépasse guère les frontières de la francophonie. En Patagonie, pas de curieux, pas de fans. Il peut nouer des relations « normales » avec les gens qu'il croise. Dès lors, il devient le *gaucho* de la pampa, l'entrepreneur, l'amateur de bagnoles, le motard, le cavalier, le taquineur de goujon, le géo-bricole-tout,

1. Michel Drucker, *Vivement dimanche* spécial Pagny, 21 novembre 2022.

le papa patient et compréhensif, le mari attentionné, le gendre idéal, le monsieur tout le monde.

Ses activités n'ont rien à voir avec le show-business, sauf quand, grâce à la technique, il peut enregistrer une chanson dans son home-studio pour éviter de parcourir les 12 000 kilomètres qui le séparent de son autre vie. « J'ai la chance de pouvoir m'organiser plusieurs vies en même temps[1]. » Ce globe-trotter pose ses valises un peu partout. Aux États-Unis, où ses enfants se sont établis après y avoir suivi leurs études, ou au Portugal, pays qu'il a adopté pour des raisons fiscales. « Je fais tellement de choses que je suis même content quand je m'ennuie. Ça m'arrive dans les avions[2]. » Car, comme le chantait Berger, « il passe toute sa vie en l'air[3] ». Il fait presque « huit allers-retours entre l'hémisphère nord et l'hémisphère sud chaque année[4]… » et il lui faut plus de treize heures de vol pour atteindre Buenos Aires. Ensuite, il doit prendre un autre avion pour Bariloche. Combien de miles a-t-il parcourus dans les airs depuis qu'il a choisi de faire du monde sa patrie ? Florent Pagny s'est longtemps défini comme un « citoyen du monde et résident multiple ».

Mais, bien qu'ayant la bougeotte, il aime aussi se poser et contempler les paysages d'une insondable

1. Interview accordée à Nostalgie Belgique,12 novembre 2019.
2. *Le Parisien*, 23 septembre 2017.
3. « La groupie du pianiste », paroles et musique Michel Berger.
4. *Paris Match Suisse*, 12 novembre 2021.

beauté de sa terre d'adoption. Dans *50' Inside*, il montre comment il s'est taillé une piste pour accéder à ce promontoire inaccessible sur lequel il peut profiter d'une vue à 360 degrés sur l'un des panoramas les plus remarquables de la région. Parfois, il se laisse hypnotiser par la force de cette nature qui l'entoure, si puissante et sauvage dans ces contrées du bout du monde : « Le glacier d'El Calafate m'impressionne toujours. On y voit des morceaux de glace de la taille d'immeubles s'en détacher et tomber dans le lac. C'est à la fois fascinant et effrayant ; un peu addictif aussi. Je peux passer une après-midi complète à regarder ce glacier en mouvement. Et ça fait un bruit énorme. Ce n'est pas une chanson douce, c'est un craquement d'une puissance inouïe[1]. »

Au fil du temps, cet homme, en perpétuel mouvement, aspire à une vie plus calme. Les enfants ont grandi. Ils ont pris leur indépendance. Les confinements successifs, dont il a globalement peu souffert, ont obligé le couple à se poser un peu plus que d'habitude. L'âge de l'incertain se profile au tournant de la tournée des soixante ans, malheureusement annulée pour les raisons que l'on sait. En novembre 2021, il se confie au magazine *Gala* : « Nous allons moins voyager. Pour nous rendre chez nous en Patagonie depuis Paris, il faut treize heures de vol, un autre avion pour deux heures supplémentaires, puis deux trois heures de voiture ! On va simplifier tout ça, beaucoup plus profiter, nous alléger de ce qui

1. *Le Soir*, 14 octobre 2021.

est inutile. » Fini les transits incessants dans différents pays.

La Patagonie ressemble à un mirage, à une terre lointaine, secrète, discrète, dont le seul ambassadeur en France serait Florent Pagny. Il n'est pas étonnant que les voyageurs hexagonaux qui s'y aventurent évoquent le chanteur dans leurs carnets de voyage.

Sur leur blog, « Les cahiers vagabonds », le jeune journaliste Marc Nouaux et la photographe Mélissa Pollet-Villard racontent, non sans une certaine ironie, comment l'automobiliste qui les prend en stop, découvrant qu'ils sont français, leur propose de les amener dans son village, Camarones, pour leur montrer la villa qu'habite leur compatriote, un chanteur dont il a du mal à se souvenir du nom, « Paguéni ou Pakeni »...

Les deux routards étaient venus à l'origine pour voir les manchots de Magellan marcher en balançant leurs ailes atrophiées et voler dans l'eau sur une de ces plages privées qui bordent l'Atlantique. Ils acceptent néanmoins de faire un détour pour une escale à Camarones, qui n'est pas très loin, dans l'espoir de boire un maté[1] ou un apéro avec Pagny et de le voir « se rouler un pétard avec sa feuille d'imposition tout en écoutant de l'opéra ». Un peu cliché comme image, mais bon ! Son instinct de journaliste pousse Marc Nouaux à faire une véritable enquête de proximité auprès du supermar-

1. Boisson traditionnelle sud-américaine issue de la culture des Amérindiens guaranis, préparée en infusant des feuilles de *yerba mate*, une espèce proche du houx. Le maté est un stimulant, améliorant la réactivité et les capacités de concentration.

ché local. Le gérant les informe que le chanteur vient à Camarones une ou deux fois par an, surtout entre décembre et février (pour l'apéro ou le maté, c'est raté : ils ne sont pas venus à la bonne saison. Quant à la feuille d'imposition...). Et l'épicier d'ajouter : « Sa maison se repère facilement sur la côte. Et de l'autre côté de la route, il y a son *estancia*. Si c'est un client facile à servir ? Oh oui, il est très simple et très sympa, il ne se la raconte pas. » Le couple de routards apprend aussi que la plage sur laquelle se réunissent les manchots qu'ils voulaient observer et photographier appartient à un certain... Florent Pagny[1].

Une famille de blogueurs originaire de Boulogne-sur-Mer, faisant le tour du monde en famille dans son camion aménagé en habitation, a eu la chance de passer une soirée détendue en compagnie du chanteur et de son épouse qu'ils ont trouvés « sympas ».

Madame et monsieur Blogueur lui font visiter leur étrange véhicule. Il s'intéresse à tout : à l'emplacement de l'échelle, à la manière dont leur étrange véhicule a été conçu. Sûr que la mécanique et la bricole, c'est son domaine ! Il leur avoue qu'il avait un projet d'émission, une sorte de voyage filmé entre les États-Unis et Ushuaïa, dans le sud de la Patagonie, un périple de presque 20 000 kilomètres, qu'il aurait parcouru en camping-car sous l'œil d'une caméra. Mais aucune chaîne ne l'a suivi. Il se prête au jeu de la photo souvenir.

1. Marc Nouaux et Mélissa Pollet-Villard, « Les cahiers vagabonds », récit 7.

La rencontre est tellement conviviale que les touristes routards en oublient de demander à la star si elle accepterait d'être filmée.

Notre Patagon d'adoption réussit à instaurer des rapports simples et naturels avec les gens qu'il rencontre. On en oublie qu'il est une vedette. Florent Pagny est vraiment un chanteur qui ne se la raconte pas.

13

Savoir choisir

Son nouveau paradis à l'autre bout du monde, dans lequel il a installé ses quartiers d'hiver en 1997, lui donne le recul nécessaire pour envisager sa carrière sous un jour différent. Il serait bien resté quelque temps là-bas pour profiter de cette nouvelle vie et de l'été austral. Mais il doit rentrer à Paris car il fait partie des artistes présélectionnés pour la Victoire du meilleur artiste-interprète de l'année.

Lors de la cérémonie, présentée le 10 février 1997 en direct du Palais des congrès par l'inusable Michel Drucker, il interprète une superbe version d'« Emmenez-moi[1] ». Puis se voit coiffé sur le poteau par Charles Aznavour qui, en 1996, n'avait pourtant rien fait de marquant : une victoire d'honneur en quelque sorte. Mais Florent Pagny n'en prend pas ombrage.

1. « Emmenez-moi », paroles et musique Charles Aznavour.

Après son séjour en Patagonie, il apparaît en pleine forme. Il vient de sortir du purgatoire. Les « professionnels de la profession » l'attendent au tournant. Le public aussi. Il faut surfer sur le succès de « Bienvenue chez moi » et commencer à choisir les chansons du prochain album studio. Le Bourguiniono-Patagon a pris la sage décision de confier à d'autres le soin de les écrire.

Faisant sien le principe du « Connais-toi toi-même » – ce précepte platonicien issu de la sagesse antique, conduisant à l'humilité et à la tempérance –, Florent Pagny fait des choix fondés sur une connaissance de soi et issus de ses expériences, qu'elles soient positives ou négatives, à partir desquelles il tire toujours des leçons.

Il part du principe que chacun possède quelques points forts qu'il doit identifier et cultiver en priorité. Tout ce qui ne constitue pas un don ou un atout peut être sacrifié. Il s'agit ainsi d'aller à l'essentiel. Saupoudrez le tout avec un zeste d'instinct et deux pincées d'intuition, ce qu'il faut de culot et surtout beaucoup de persévérance ; gardez les pieds sur terre et vous avez la recette d'une carrière au sommet. Ajoutez là-dessus l'authenticité, la fidélité, la politesse, parfois beaucoup de chance et vous aurez les clés d'une vie pleinement réussie. La rébellion ajoute un peu de piment mais peut parfois jouer des tours. Il s'agit aussi de domestiquer ses points faibles.

Florent Pagny a la bougeotte : il deviendra un nomade sédentaire. Écrire des chansons n'est pas son point fort. Donc, comme ce n'est plus indispensable, il arrête.

Certes, à ses débuts, il avait du mal à trouver des auteurs à sa mesure. Et puis, être créateur de chansons donnait une réelle crédibilité à l'interprète qu'il a toujours été ! Mais il doit se rendre à l'évidence : « Je n'ai pas cette plume, je n'ai pas ce don [...]. Rapidement j'ai senti mes limites. J'ai une façon d'écrire comme je parle. Et parfois quand je parle[1]... »

Pourquoi passer des nuits blanches à trouver le mot juste ? Pourquoi s'échiner à taper sur son piano avec deux doigts pour trouver une mélodie ? Ce sont autant d'instants volés à sa vie familiale dans son nouvel Éden patagon. Il préfère consacrer une partie de son énergie à sa nouvelle activité de producteur et se focaliser sur l'essentiel, sur son point fort : chanter, chanter, toujours chanter.

Son instrument, c'est son organe vocal et une telle voix réclame forcément de grandes chansons. Il se met immédiatement en quête d'auteurs. Florent Pagny veut faire de la « variété » au sens littéral du terme, en mélangeant des univers différents. Il souhaite que plusieurs auteurs et compositeur participent à la conception de cet album studio, contrairement à sa maison de disques, qui doit avoir en tête les 8 millions de CD vendus par

1. *Toujours libre. La Story de Florent Pagny*, documentaire CStar, 2016-2017.

Céline Dion avec *D'eux*, presque entièrement écrit par Jean-Jacques Goldman.

Dans l'émission *Clique* de Mouloud Achour, la journaliste demande à Pagny comment il a procédé pour trouver des auteurs qui ont pu exprimer ce qu'il avait envie de dire. Un peu cabot, le chanteur marque un temps d'arrêt et répond : « Il faut quelque part vendre beaucoup de disques d'un coup. Ça motive les troupes. » Et quand on vient de vendre 1,5 million de disques, les faiseurs de tubes se bousculent au portillon.

Pour le choix des chansons, Pagny se fie à son instinct : encore un de ses points forts. Il fait sa liste de courses auprès d'auteurs ou compositeurs qu'il aime bien : Art Mengo, Maxime Le Fox-Terrier, Zazie, Étienne Daho, Erick Benzi. Et Pascal Obispo, un compositeur interprète qui vient d'inscrire son nom dans le club très fermé des gros vendeurs de CD, mais dont le côté Polnareff bis, genre « Coucou me revoilou[1] » vingt ans après, n'a pas l'heur de plaire à la maison de disques.

Obispo travaille depuis peu avec un nouveau parolier, Lionel Florence, qu'il a rencontré lors du Sidaction.

Ce professeur de dessin dans une banlieue difficile a écrit les textes de quelques-unes des chansons d'*Entre sourire et larmes*, un disque enregistré au profit de la recherche contre le sida par quelques grands artistes

1. Album studio de Michel Polnareff.

comme Jane Birkin, Alain Chamfort, Stephan Eicher, Liane Foly ou Pascal Obispo.

Ce dernier, très doué pour la composition, l'est un peu moins en tant qu'auteur. Il a besoin de textes de qualité pour ses nouvelles chansons, aussi se tourne-t-il tout naturellement vers Lionel Florence, qui a des dizaines de textes en stock, mais qui échappent à la critique.

De cette nouvelle collaboration vont naître « Lucie », un titre phare dans le répertoire d'Obispo, et surtout cette chanson qui, sur une mélodie lente, presque sereine, conjugue le verbe aimer à l'inconditionnel de l'infinitif, comme une quête spirituelle, comme un écho à la prière de saint François d'Assise : « Là où se trouve la haine, que j'apporte l'amour. [...] mon Dieu, fais que je cherche à aimer plutôt que d'être aimé. » Aimer, non point de façon charnelle, mais comme une sagesse à apprendre, un savoir être. D'ailleurs la chanson au départ devait s'appeler « Savoir ».

Apprendre à aimer
Aimer sans attendre
Aimer à tout prendre
Apprendre à sourire
Rien que pour le geste
Sans vouloir le reste
Et apprendre à vivre
Et s'en aller

La première fois que Florent Pagny l'entend, jouée au piano par le compositeur, un large sourire se dessine sur son visage. Obispo lui a pourtant préparé quelques dizaines de maquettes bien léchées, mais c'est finalement cette ballade qui retient son attention.

Pourtant il pensait que cette douce mélodie, que l'on devrait presque interpréter d'une voix détimbrée, ne correspondait pas du tout au côté lyrique, mâtiné pop rock que projetait le chanteur. Pagny lui dit : « C'est du lourd, j'ai envie de la chanter tout de suite. Passe-moi le micro[1] », et il l'enregistre en une prise, accompagné au piano par un Pascal Obispo visiblement aux anges, qui commence à entrevoir le succès que peut donner un tel titre chanté par un tel interprète.

Florent Pagny sort du studio avec une cassette en poche contenant la maquette de la chanson. Lionel Florence, quand je lui ai fait lire le manuscrit non corrigé de cette biographie, m'a fait remarquer à juste titre que j'avais omis une anecdote concernant « Savoir aimer », qui montre combien le chanteur excelle dans la spontanéité. « Ils ont essayé de refaire la voix en studio, mais Florent n'a jamais réussi à retrouver la simplicité et le naturel, c'était bien mieux sur la maquette. Donc ils ont sorti la chanson avec la voix de la maquette. »

Il fait écouter la cassette à son entourage. Les réactions sont unanimes : « Mais que c'est beau !, le thème

1. *Toujours libre. La Story de Florent Pagny*, documentaire CStar, 2016-2017.

abordé, la mélodie, la manière dont tu chantes... » Dans sa maison de disques, les directeurs artistiques flairent le tube mais n'en croient pas leurs oreilles quand Pagny leur apprend qu'Obispo en est le compositeur. « Non ! ce n'est quand même pas ce sous-Polnareff qui a écrit une si belle chanson ! » Si justement ! Et voici ce vilain petit canard élevé sur l'Olympe des faiseurs de tubes. Précisons que peu de temps après, on lui propose d'écrire le prochain album de Johnny qui allumera le feu dans toutes les mémoires.

Le single de Florent sort le 21 octobre 1997. Dans le clip en noir et blanc signé Sylvain Bergère, le chanteur, entre ombre et lumière, éclairé par une simple ampoule, s'exprime dans un langage des signes très stylisé. Trop stylisé même pour l'association des malentendants, qui a été sur le point de faire interdire sa diffusion.

À peine sorti, le single est propulsé directement à la première place du Top 50, « Savoir », que Florent Pagny a rebaptisé « Savoir aimer », reste à la tête des charts deux mois entiers, boostant les ventes de l'album. Le titre y sera classé vingt-quatre semaines, bientôt rejoint par sa petite sœur, « Chanter ».

Lionel Florence a rencontré son futur interprète avant l'enregistrement de l'album et, parlant de sa décision de ne plus écrire de chansons, Pagny lui a dit au détour de la conversation qu'il ne « sait faire que chanter ». Ce sera le point de départ de cette ballade dont la musique est également signée Obispo, et qui pourrait être comme un écho à celle de Julien Clerc, « Utile[1] ». « À quoi sert une chanson quand elle est désarmée ? » Une chanson n'a pas forcément besoin d'être armée pour être utile. Pousser la goualante constitue, bien sûr, un acte de résistance :

En haut des barricades,
Les pieds et poings liés,
Couvrant les fusillades,
Chanter sans s'arrêter.

Mais surtout, de la naissance à la mort, à chaque instant de notre existence, chanter apporte une dimension spirituelle et nous aide à aimer, à prier, à célébrer l'amitié, à chasser la tristesse et les non-dits, à s'unir aux autres humains dans une communion qui n'est pas forcément religieuse. Chanter signifie vivre.

Chanter, pour oublier ses peines,
Pour bercer un enfant, chanter...
Pour pouvoir dire « Je t'aime... »
Mais chanter tout le temps...
Pour implorer le ciel ensemble,
En une seule et même église...

1. « Utile », paroles Étienne Roda-Gil, musique Julien Clerc.

Il émane de « Savoir aimer » et de « Chanter », comme une sagesse sereine qui a contribué à leur succès. Florent Pagny, parlant du répertoire qu'il s'est choisi, dira plus tard : « Je suis interprète et je suis un messager. Vu ce qu'il se passe je me dis : "Envoyons des messages qui nous amènent vers autre chose, avec davantage d'espoir[1]." » Cela ne l'empêche pas, parfois, de se livrer à des constats implacables, comme dans « Combien ça va », que lui a concocté la chanteuse Zazie, dans un registre pop rock :

Combien ça va ? Ça va comme l'argent que l'on gagne
Combien ça va ? Ça va comme le temps que l'on perd
Combien par jour ? Ça ne compte plus
mais ça vaut très bien, merci
Combien ça va ? Combien ça va ? Ça va comme je vaux

Le néo-Patagon rend hommage à sa nouvelle patrie, en reprenant une des chansons les plus connues de l'auteur-compositeur-interprète argentin León Gieco, créée en 1978, en pleine dictature, mais aussi avec un autre titre, « Sierra Cuadrada », écrit par Jacques Veneruso, évoquant ce massif montagneux situé au cœur de la province du Chubut.

Florent Pagny choisit de ne pas apparaître en photo sur la pochette. Il laisse à sa compagne Azucena, qui est également artiste peintre, le soin d'illustrer la jaquette

1. *20' culture*, 17 septembre 2021.

du CD, qui lorsqu'on la déplie, devient un livret de six pages. Sur fond orange se détachent les couleurs fauves de ses profils aiguisés, de ses nus féminins, de ses portraits ou autoportraits, d'un couple, très amoureux, qui pourrait être Florent et Azucena. On peut y voir aussi cinq vignettes représentant plutôt fidèlement les auteurs ou compositeurs de l'album, tels Zazie ou Obispo, et même Ganja, en chien couché.

Le 6 novembre 1997, Florent Pagny fête ses 36 ans. Le lendemain, son nouvel album inonde les bacs des disquaires. Pour célébrer son lancement, mais également pour inaugurer l'exposition des toiles peintes par sa chère et tendre, il invite dans une galerie du Marais le Tout-Paris showbistico-journalistique… qui répond présent. Fin des hostilités. La presse s'empresse de venir fumer le pétard de la paix. Vêtu d'un costume doré, le chanteur accueille les « professionnels de la profession » qui ont perdu leurs *a priori*.

Sur la lancée, il récolte quatre nominations pour les Victoires de la musique. Le 20 février 1998, lors de la cérémonie présentée par l'indéboulonnable Michel Drucker, en plus de celle du meilleur clip pour « Savoir aimer », il reçoit l'une des Victoires les plus prestigieuses : celle de l'artiste interprète masculin de l'année. Il faut dire que le cap du million d'albums est déjà largement dépassé. Le single s'en approche. C'est bien connu, le succès appelle le succès. Il dédie cette récompense à sa mère et à celle qui a rendu possible ce retour gagnant : Azucena.

C'est la première fois qu'il reçoit une Victoire de la musique, et la dernière aussi. Il ne sera convié à la cérémonie musicale que vingt ans plus tard. Il interprétera alors « Requiem pour un fou[1] », en hommage à Johnny Hallyday, décédé trois mois plus tôt. À cette occasion, il chantera en duo avec son protégé, Slimane, qui, deux ans plus tôt, a remporté la finale de *The Voice* dans son équipe.

Au final, « Savoir aimer » rejoindra la liste des classiques de la chanson francophone et l'album, certifié double disque de diamant, atteindra la barre du million huit-cent mille exemplaires vendus. À ce jour, bien que depuis 1997, il ait enregistré seize albums studio, Florent Pagny n'a pas fait mieux.

Grâce à ses choix gagnants, l'année 1998 constitue le sommet de sa carrière. Il a la reconnaissance du public, du métier. Même si, comme nous l'avons vu, l'affaire n'a pas été de tout repos, il s'est payé le luxe de tenir tête à Luciano Pavarotti lors d'un duo mémorable.

Fort de son succès discographique, il peut organiser sereinement sa tournée avec sa société Cuadrada, créée trois ans plus tôt. Il se produit pour cinq soirées dans son lieu fétiche, le Cirque d'hiver, du 19 au 27 mars, puis en

1. « Requiem pour un fou », musique Gérard Layani, paroles Gilles Thibaut.

mai au Zénith de Paris qui affiche très vite complet. Une date est ajoutée le 5 novembre pour satisfaire ses fans et ses nouveaux *aficionados*. Mais, dès le début de l'été, tous les billets sont déjà vendus. Un CD audio de ce Zénith (ainsi qu'un DVD et une VHS – les deux formats cohabitent encore à cette époque), sorti dès novembre, cartonnera lui aussi dans les charts. Un autre titre, « Mourir les yeux ouverts », extrait de *Savoir aimer*, également composé par Obispo, lui servira de locomotive. C'est une très grande réussite pour un premier album *live*.

Après une escale en Patagonie, il revient en France pour ce concert à Bercy, le 5 octobre 1997, qui sera le point de départ d'une tournée pendant laquelle il va sillonner la France (avec une escale à Bruxelles) jusqu'à la mi-décembre.

Dans ce tour de chant dont la direction musicale est confiée à Jacques Veneruso, son nouvel album studio, celui de la consécration, celui de la reconnaissance, se taille la part du lion, avec six titres au programme, tandis que ses premiers gros succès sont réunis dans un pot-pourri, histoire de ne pas trop frustrer ses fans. Il reprend aussi l'unique tube de Barbara, « L'aigle noir », pour rendre hommage à la « longue dame brune », décédée l'année précédente. Florent Pagny regrette de n'avoir pu que la croiser, sans avoir vraiment eu l'opportunité de la connaître.

Savoir choisir

Même s'il est obligé de chanter sur des grandes scènes de la capitale, il préfère nettement se produire en province : « Je ne suis pas un artiste parisien. D'ailleurs, sur une tournée, je termine à Paris. Je vais d'abord faire la province parce que je suis de là et ça se passe toujours mieux. À Paris, c'est toujours plus compliqué, à part la fois où je me suis retrouvé à L'Olympia en plein été en 2003 : ça s'est super bien passé. C'était la surprise du chef, j'arrivais avec "Ailleurs Land" et "Ma liberté de penser"[1]. »

1. *20' culture*, 17 septembre 2021.

14

Un chanteur populaire

La proximité avec le public constitue l'un de points forts de Florent Pagny. Il va même jusqu'à établir des relations privilégiées avec certains de ses fans.

Dans l'émission *Thé ou café*, en 2016, Catherine Ceylac, lui fait visionner un petit reportage évoquant un épisode qui semble l'émouvoir particulièrement, même s'il tente de ne pas trop le montrer.

Sans doute pour se rassurer, mais aussi parce qu'il a établi de vraies relations humaines avec eux, le chanteur réserve une trentaine de places au premier rang pour ces membres de son fan-club qui se sont autobaptisés « Les boulets de Florent ». « Cette ligne-là, je la mets devant. Ils me protègent. » Deux de ces admirateurs, Jacky et Laurent, qui faisaient partie de cette garde rapprochée, décèdent la même année, en 2011. Comme « Rester vrai » était leur chanson préférée, avant de commencer à l'interpréter sur scène, il décide leur rendre hommage pendant toute la tournée : « Jacky et Laurent ont tiré leur révérence. Alors, c'est peut-être un peu tard, mais ils me protègent, ils sont là-haut, ce sont des anges. Alors, je leur chante "Rester vrai"[1]. » Grosse émotion chez les fans !

Florent appréciait particulièrement Laurent, qui le faisait rire. Il était presque devenu un ami. Après son décès, son épouse, Anne, reçoit un appel téléphonique provenant d'un numéro qu'elle ne connaît pas : « C'est Florent ! Tu as vu, je n'ai pas masqué mon numéro. Donc, dès que tu as besoin, tu peux m'appeler quand tu veux. » Bien sûr, elle continue d'assister à tous ses concerts : « C'est limite quelqu'un qui fait partie de ma famille », ajoute-t-elle.

L'une des clés de cette popularité, qui ne s'est jamais démentie depuis son retour gagnant au milieu des années 1990, vient de cette proximité naturelle avec les gens, quelle que soit leur condition sociale. Et ils le lui rendent bien. « C'est toujours le public qui m'a sauvé », a-t-il coutume de dire. Il n'a pas oublié d'où il vient et son public lui en sait gré.

---

1. *Thé ou café*, Catherine Ceylac, France 2, 28 juin 2016.

Dès l'enfance, ses parents lui ont appris le respect et la politesse. C'est également quelqu'un qui sait reconnaître ses erreurs et changer de cap quand il le faut.

Cet enfant de la télé semble toujours à l'aise devant les caméras.

Au début de sa carrière, Gérard Louvin lui prend un abonnement pour ses *Sacrées soirées*. Ardisson réserve souvent une petite place à ce bon client dont il apprécie le franc-parler. Dans les *live* de *Taratata*, ses prestations sont très appréciées. Ruquier l'invite régulièrement dans ses talk-shows.

Pour le lancement d'une nouvelle émission, mi-radio-crochet, mi-téléréalité, TF1 a besoin de la caution de stars de la chanson. La chaîne s'adresse tout naturellement à Florent Pagny. Après avoir hésité, il accepte de devenir le parrain de la *Star Academy*, tout d'abord pour des raisons purement « vénales ». Il a besoin de trouver un financement pour le film ambitieux mais pas forcément grand public qu'il tourne avec la danseuse Marie-Claude Pietragalla, *Quand je vois le soleil* de Jacques Cortal. TF1 « crache au bassinet » et le nouveau parrain de la *Star'Ac* se découvre plein de neveux et nièces dans le château des Vives-Eaux de Dammarie-les-Lys. Il est le seul à ne pas avoir décliné l'invitation. Mais quand il participe à l'émission, le chanteur, débarquant de son hermitage patagonien, tombe des nues. Il n'a jamais entendu parler de *Loft Story*. « J'ai découvert ce soir-là cette nouvelle façon de faire de la télévision, avec une dose de téléréalité, des éliminations. […] Je me souviens ce soir-là, la moitié des candidats avait été éliminée. J'hallucinais. Je me demandais ce que c'était que cette horreur. »

Aujourd'hui, Florent Pagny assume pleinement son côté pionnier. Neuf ans plus tard, quand la chaîne lui propose de devenir coach de *The Voice*, il accepte la proposition.

Après une décennie florissante, les télécrochets sont en perte de vitesse. *X-Factor*, auquel il a refusé de participer, a été un échec. Il a un vrai instinct, ce Pagny, qui lui permet de faire de bons choix ! Assis dans un fauteuil rouge qui se retourne à chaque audition, les coachs constituent leur équipe en écoutant les candidats chanter sans les voir. Ils ne sont influencés ni par leur physique, ni par leur prestation scénique. S'il veut quelqu'un dans son équipe, le coach appuie sur bouton et le fauteuil se retourne. Après ces premières épreuves, les *battles* proposent une confrontation entre les candidats, que le coach doit arbitrer. Les dernières émissions sont tournées en direct et c'est le public qui choisit. Ce programme est proposé un peu partout dans le monde.

L'influence de Florent Pagny sur la version française de l'émission est indéniable. Ce n'est pas un hasard s'il est surnommé « le taulier ». Il y impose sa marque : la politesse, la bienveillance, la réelle volonté d'accompagner ces vedettes en devenir, et veille, surtout, à ce que tout reste authentique : « Dès le départ dans ce programme, j'ai dit non au prompteur, aux oreillettes. Je voulais que tout soit vrai, Donc je leur avais dit : "Mettez-moi de bons talents et vous allez voir comment je vais réagir." Il ne fallait pas m'obliger, ça n'aurait pas marché. C'est resté et c'est même devenu un exemple dans la franchise *The Voice* car on est un des rares pays où on est freestyle, sans oreillette, sans prompteur, etc.[1]. »

Le taulier donne son avis sur le choix des coachs. Ses amis Obispo, Marc Lavoine ou Zazie (qui pourtant avait marqué sa désapprobation lorsque Florent Pagny avait parrainé la *Star Academy*) deviennent coachs à leur tour. En dix participations, de 2012 à 2018, puis en 2021 et 2022, il a pu consolider sa popularité et, fait non négligeable, atteindre la jeune génération. Il prend un réel plaisir à découvrir de nouveaux talents, comme Slimane, ou Anne Sila, son ancienne finaliste lors de la saison 4, qu'il accompagne jusqu'à la victoire dans *The Voice all Stars*, une super finale qui regroupe tous les ex de *The* Voice n'ayant jamais remporté de victoire dans ce télécrochet. Une opération repêchage, en quelque sorte.

Au départ, il ne l'a jamais caché, sa motivation principale était la rémunération plus que confortable (c'est un euphémisme !) qui lui était proposée. En 2021, il aurait touché 550 000 euros pour son rôle de coach dans *The Voice*. Comme il est le plus ancien, il est aussi le mieux payé. Plus qu'une rémunération importante, le

1. *Télé-loisirs*, 18 septembre 2021.

plaisir qu'il y prend devient un moteur puissant. Mais si Pagny subit, Pagny se barre. En 2019 et 2020, il quitte *The Voice* car il a l'impression d'en avoir fait le tour… pour mieux revenir en 2021. « Je suis dans mon élément à *The Voice*, cette famille est trop agréable, ça marche super fort. Quand c'est aussi bien et qu'on te reçoit de cette manière, il faudrait être snob pour ne pas le faire. »

Abordons quand même un sujet qui énerve un peu notre chanteur bourguignon : les impôts.

Florent Pagny est sympathique, proche des gens, populaire, mais ceux qui le connaissent mal le voient comme un évadé fiscal qui pratique la fraude. De fait, le chanteur n'a jamais rien caché de ses déboires avec notre cher Trésor. Il a toujours joué franc-jeu concernant ses revenus confortables et son exil fiscal au Portugal depuis 2017 : « Pas d'impôts sur l'héritage et sur la succession. Pas d'impôts sur la fortune. Je ne suis pas fortuné mais j'espère y arriver. Et pendant dix ans, pas d'impôts sur les royalties. Et donc beaucoup d'artistes se disent que ça peut valoir le coup[1]. »

Blessé par les polémiques qui se sont ensuivies, par les commentaires sur les réseaux sociaux qui fustigent son manque de civisme, il remet les choses au point sur TF1 en novembre 2017 : « Ils n'ont qu'à gagner beaucoup d'argent. Et après, on verra comment ils se

1. *Le Parisien*, 26 septembre 2017.

comporteront. » Il rajoute même : « Ça, c'est à mon avis des espèces de délires de jalousie ou d'envie parce que quelque part, à un moment, on se dit qu'on n'y arrivera peut-être jamais alors finalement, on déteste celui qui peut y accéder. »

Quelque temps plus tard, sur l'antenne de Quotidien, puis sur une vidéo postée sur les réseaux sociaux le 8 avril 2020, il met les points sur les I : « Toutes les performances qu'on peut faire sur le territoire français sont assujetties à l'impôt français, au taux français. [...] je n'ai jamais arrêté de payer des impôts en France. »

En 2016, il a même précisé qu'il payait 80 % de ses impôts en France et qu'il faisait rentrer dans les caisses de l'État entre 1 (les années de vaches maigres) et 2 millions d'euros par an. Peu d'artistes ou de sportifs se sont montrés aussi transparents.

Ses déboires avec le fisc l'ont beaucoup marqué.

On peut imaginer le traumatisme qu'a pu ressentir Florent Pagny lorsqu'il s'est retrouvé sans le sou et quasi-SDF, en 1992, après avoir omis de déclarer et de payer ses impôts. Beaucoup d'artistes à succès ont connu ce type de déconvenues. En très peu de temps, ils gagnent beaucoup d'argent. Ils confient leur comptabilité à des gens peu compétents et se retrouvent dans la panade. L'exemple de Michel Polnareff qui, après avoir été ruiné, a dû s'exiler aux États-Unis, reste dans les mémoires. Au début des années 2000, rebelote : Pagny fait l'objet d'un redressement fiscal et, trouvant injustifiées les sommes qu'on lui réclame, il refuse de payer et traduit le Trésor public en justice. Tout son mobilier est saisi. Alors qu'il est mis aux enchères, il demande à son ami Obispo de le lui racheter. Quelques années plus tard, il gagne son procès. Comme souvent, il tire des enseignements de ses traumatismes. Plus question de posséder dans l'Hexagone le moindre bien qui soit à son nom. Il ne refuse pas de s'acquitter de ses impôts mais il veut payer le prix juste. « Je veux payer mes impôts, mais juste ce que je dois. »

Le chanteur s'implique beaucoup dans l'action humanitaire.

Participer à la tournée des Enfoirés lui avait permis de se remettre en selle et de regagner en popularité, mais très vite, lui qui a connu Coluche se démarque de ce qui semble devenu une institution qui se substitue à l'État. En 2012, il tient même des propos fort amers : « Est-ce que j'arriverai encore à jouer les guignols comme ils le font ? C'est la seule émission où tout le monde ferme sa gueule et accepte tout. » Mais chacun a le droit de changer d'avis. Il y revient en 2019. « N'étant plus dans *The Voice* et ayant presque terminé mon nouvel album, je n'avais rien à faire cette année à ce moment-là. Quand la productrice Anne Marcassus a su cela, elle m'a dit : "Alors tu vas pouvoir venir ?" En général, je ne suis pas en France à cette époque. Mais j'ai répondu : "Je viendrai", et je tiens mes promesses. Et puis c'est la trentième édition[1]... » Il évoque l'esprit colonie de vacances qui l'a poussé à reprendre du service.

Mais c'est dans la lutte contre le sida qu'il s'est le plus impliqué. Il a été l'un des premiers à répondre présent à l'appel d'Ensemble contre le sida que parraine Line Renaud. L'interprète de « Ma cabane au Canada » réussit à mobiliser le monde de la télévision et à faire venir un grand nombre d'artistes lors d'un programme unique, diffusé durant six heures sur toutes les chaînes, le 7 avril 1994. Cette émission, filmée en direct du Zénith, est regardée par 22 millions de téléspectateurs. Elle permet non seulement de faire de la pédagogie et d'abattre certains préjugés, mais également de récolter 46 millions de promesses de dons. Avant, les malades du sida tombaient comme des mouches, tout en étant parfois considérés comme des pestiférés. L'émission n'a pas arrêté l'hécatombe, mais au moins elle leur a redonné leur dignité. Les fonds récoltés ont permis de faire avancer la médecine et la prévention. Depuis 1994, le Sidaction a continué son œuvre et Florent Pagny en est l'un des piliers.

Il est aussi l'un des parrains et ambassadeurs de l'association Ela qui lutte contre la leucodystrophie, une maladie rare touchant moins de 200 enfants par an, affectant gravement leurs capacités motrices et cognitives. Cette cause lui tient particulièrement à cœur.

1. *Gala*, 8 mars 2019.

Je pourrais également vous parler de l'entrepreneur avisé, qui aime aussi parfois investir à fonds perdu dans des entreprises par toujours rentables, comme quand, après la mort de son fondateur, Patrick Godet, il rachète une marque de motos de prestige, fabriquées de façon artisanale, Godet Motocycles, dont il possédait quelques gros cubes. Ce rachat permet à l'entreprise de ne pas mourir.

Je pourrais vous parler de ces meubles qu'il dessine et qu'il fait fabriquer par un artisan des Yvelines. Je pourrais vous parler de ses changements de look (avec une grande malice, il dira même de lui : « Je suis un mutant perpétuel ») ; d'abord le blouson de cuir et les boucles d'oreilles puis la tignasse peroxydée, le look gaucho de la *pampa*, la barbiche et le béret façon d'Artagnan, le bouc et les cheveux courts, les implants assumés, de nouveau les cheveux longs et la barbichette et puis, plus récemment, la toison couleur poivre et sel coiffée en brosse et le bouc presque blanc, et j'en passe…

Je pourrais vous parler des tenues extravagantes que lui crée sa styliste, Solenne Menger, à qui il donne carte blanche (savoir faire confiance à quelqu'un fait partie ses qualités).

Je pourrais vous parler de ses contradictions, Je pourrais, je pourrais… mais ce diable d'homme a mille et une vies… donc je ne peux pas, et puis, ami lecteur, vous finiriez par vous lasser !

Dès la fin des années 1990, les jalons sont posés. Le puzzle de son existence commence à bien s'imbriquer :

Azucena, la femme de sa vie, a construit ses « murs porteurs », il a trouvé l'équilibre entre sa famille et son statut de star ; il cultive son jardin secret ; son instinct le guide souvent vers des choix judicieux ; il ne s'appesantit pas sur son passé, sinon pour en tirer des leçons ; il sait surprendre son public et se renouveler ; il a domestiqué ses points faibles ; il cultive ses points forts et ses passions ; il sait entreprendre ; il refuse de faire « n'importe quoi » pour devenir culte ; même s'il ne peut pas plaire à tout le monde, il reste populaire… il est en passe de réussir sa vie.

En 2020, après lui avoir montré un extrait de la comédie musicale *Télé folies, tous en chaîne*, sa première apparition télévisée, Mouloud Achour, présentateur de l'émission *Clique* sur Canal+, lui demande : « Qu'est-ce qu'il a à dire, le mec de soixante ballets, au mec de vingt-quatre ans ? » Florent Pagny lui répond : « Ben écoute, tu t'es bien démerdé, c'est cool ! »

15

Entretien avec Lionel Florence

Lionel Florence est un de ces hommes de l'ombre au service de grands chanteurs.

Cet auteur a signé un certain nombre de tubes pour Pascal Obispo (« Lucie »), Johnny Hallyday (« Vivre pour le meilleur »), et pour son fils David (« Tu ne m'as pas laissé le temps »), pour Calogero (« Yalla »), Natasha St-Pier (« Tu trouveras »), Christophe Mae (« On s'attache »), entre autres. Il a également écrit les plus grandes chansons de Florent Pagny : « Savoir aimer », « Chanter », « Ma liberté de penser », « Et un jour une femme », « Le présent d'abord », « Châtelet-les-Halles », pour ne citer qu'elles.

Né en 1958 à Nancy, il a fait des études d'art plastique avant de devenir professeur de dessin dans une banlieue sensible pendant plus de quinze ans. Il nous raconte la suite dans cet entretien…

E. P. : *J'ai entendu une de tes chansons pour la première fois en 1994 ou 1995. Elle était chantée par Alain Chamfort et s'appelait « Vu du ciel ». Elle était très émouvante. Elle m'avait marqué. Si je me souviens bien, c'*était un *CD collectif dont les textes étaient écrits par des personnes séropositives, c'est ça* ?

L. F. : C'est tout à fait ça. Au départ, si je m'en souviens bien, j'avais proposé un seul texte et puis je me suis retrouvé à en faire six. L'album s'appelait *Entre sourires et larmes*. La personne à l'origine du projet appréciait ce que j'écrivais et, je ne sais plus trop ce qui s'est passé, mais Chamfort n'aimait pas le texte qui avait été fait sur sa musique. On m'a proposé de le refaire et j'ai écrit « Vu du ciel ». Il était très content du résultat. Après ce disque, on a continué à se voir de temps en temps. Je rêvais de continuer à travailler pour lui, mais il s'excusait d'être fidèle à son auteur.

E. P. : *À partir de cette première expérience discographique, alors que tu exerçais à l'époque le métier de professeur de dessin, comment en es-tu arrivé à devenir l'un des plus grands paroliers de la francophonie ?*

L. F. : C'est un cheminement assez banal. J'habitais Metz à l'époque. À 18 ans, je suis descendu de ma province pour arriver à Paris et y entamer des études d'art plastique. Un jour, j'ai acheté un piano bastringue chez Emmaüs. J'ai commencé à casser les oreilles de mes voisins. J'aime la peinture, la photo, la musique, l'écriture. Après, il y a des choix à faire. J'ai acquis un quatre-pistes. Je faisais trois accords sur un synthé, je branchais mon micro et j'enregistrais mes petites maquettes avec les chansons que j'écrivais et composais. Je faisais ça la nuit et le jour, j'étais prof de dessin dans les collèges de banlieue difficile de la capitale. De 20 à 30 ans, j'allais voir toutes les maisons de disques. Je frappais à la porte d'Universal, de chez Sony, en leur disant : « J'ai des chansons à proposer. » Je me suis souvent fait jeter, mais à force de persévérance, j'ai fini par rencontrer des personnes intéressantes, comme Jacques Volson qui m'encourageait à continuer ou comme Marc Lumbroso, qui travaillait chez EMI et m'a dit un jour : « Bon, tu chantes comme une casserole, tu n'es pas un grand musicien, mais tes textes sont pas mal. Honnêtement, tu ferais mieux de proposer tes textes à d'autres, qui chantent mieux et qui composent mieux. » Ça m'a vexé sur le coup car j'avais la prétention d'être génial dans tout ce que je faisais.

Arrive l'album *Entre sourires et larmes.* Obispo avait composé une musique dessus. J'ai eu l'occasion de le rencontrer lors de la promo de l'album. Il avait entendu « Vu du ciel » : « Écoute, j'aime beaucoup ta chanson. Je compose plus facilement que je n'écris. Si tu as des textes d'avance, je suis preneur. » Suite à ce que m'avait dit Marc Lumbroso, je lui ai donné pratiquement tous mes textes. J'avais déjà 35 ans à l'époque et j'avais pas mal de chansons d'avance dans mes tiroirs. Pascal a retenu un texte, puis deux, puis trois…

E. P. : *Ensuite tu as écrit pour des tas de gens : pour Johnny Hallyday et pour son fils, David, pour Patricia Kaas, Christophe Mae, Patrick Fiori, Calogero, Nolwenn Leroy, Alizée, Vincent Niclo et bien d'autres. À ton actif, tu as quatre comédies musicales à succès, dont* Les Dix Commandements *et* Le Roi soleil. *Quel parcours* !

L. F. : L'avantage avec Pascal Obispo, qu'on l'aime ou qu'on ne l'aime pas, c'est qu'il bosse beaucoup et a l'ambition de faire chanter le monde entier. C'est comme ça qu'on a proposé des chansons à Pagny. Des « séminaires » d'écriture qu'il organisait m'ont permis de rencontrer des compositeurs comme Calogero, Gatégno, Maggiulli. Une fois que tu entres dans le circuit, les rencontres se font naturellement et très vite. Pierre Jaconelli était le guitariste de Pascal Obispo et en même temps, il faisait des arrangements pour David Hallyday : du coup je me suis retrouvé sur son album avec « Tu ne m'as pas laissé le temps ». Tout s'est fait par ricochets. Ensuite « Vivre pour le meilleur » que David composait pour son père. Puis Patricia Kaas, Jennifer, Patrick Fiori. Christophe Mae, je l'ai rencontré quand il chantait dans *Le Roi soleil*. Il m'a demandé si je voulais bien écrire pour un inconnu.

E. P.* : *Une rencontre provoque une rencontre qui entraîne une autre rencontre qui entraîne une autre rencontre...

L. F. : Oui, c'est exactement ça. Avec « Sa raison d'être[1] », j'ai même eu la chance de rencontrer quarante-deux des plus grands chanteurs et chanteuses francophones.

***E. P.* : *Mais ce qui a marqué le plus ton parcours, c'est, bien sûr, ta collaboration avec Pascal Obispo et Florent Pagny* ?**

L. F. : Tout à fait. On peut faire des dizaines et des dizaines de chansons, mais qui marquent les esprits, il n'y en a pas cent cinquante. Il y a eu « Lucie » pour Obispo et « Savoir aimer » pour Pagny. Après ça, on te regarde différemment. Maintenant, comment expliquer que ces chansons deviennent des tubes ? Un alignement de planètes, peut-être. Quand j'ai écrit « Savoir aimer », Pagny sortait d'une période pas très agréable, un creux de vague. Le public attendait le rebelle au tournant. Il a surpris tout le monde avec un style de chansons auxquelles on n'était pas habitués. Les fans s'attendaient à des titres plus « rentre-dedans », chantées avec du coffre, poing levé. Et Florent arrive avec une ballade qui casse son image et met tout le monde KO mais d'accord.

1. En 1998, Pascal Obispo et Lionel Florence écrivent la chanson « Sa raison d'être » pour récolter des fonds au profit d'Ensemble contre le sida. Une quarantaine d'artistes francophones, parmi lesquels Florent Pagny, Patrick Bruel, Maurane, Marc Lavoine, De Palmas, Cabrel, Johnny, Patricia Kaas, Goldman, Lara Fabian, Eddy Mitchell, Julien Clerc, Jane Birkin, Françoise Hardy, Souchon, Voulzy, Zazie Anggun, Stephan Eicher, Étienne Daho, Alain Chamfort participent à l'enregistrement de ce single qui se vend à 700 000 exemplaires.

Et aussi, je crois que c'est une bonne chanson, non ? (Sourire)

E. P. : *Florent Pagny dit de toi : c'est juste le type qui a écrit mes plus gros titres » : « Savoir aimer », « Un jour une femme », « Chanter », « Châtelet-les-Halles», « Je trace », « Le présent d'abord », « Ma liberté de penser », etc. Comment peux-tu expliquer cette symbiose entre un chanteur et son parolier ?*

L. F. : Le problème est qu'après un gros tube comme « Savoir aimer », l'interprète, avant de faire son nouvel album, te demande : « Et maintenant, qu'est-ce que tu proposes ? » On n'allait pas faire « Savoir aimer » bis. Mais il fallait essayer de trouver une chanson qui soit dans la continuité. C'est comme ça que j'ai écrit « Un jour une femme », qui raconte tout bêtement son parcours à lui, l'histoire d'un mec qui traîne sa vie, qui mord la poussière, et puis il rencontre une femme, en l'occurrence Azucena, et c'est elle qui le porte sur ses épaules. Je ne suis pas allé chercher très loin…

E. P. : *Tu lui as fait du sur-mesure. Tu as traduit sa vie en mots. Est-ce que tu as eu des conversations intimes avec lui ?*

L. F. : Non, pas du tout. Quand je l'ai rencontré la première fois, je lui ai demandé : « Qu'est-ce que tu veux raconter dans tes chansons ? » et il m'a répondu : « Si je le savais, je les écrirais moi-même. » Pourtant, il avait déjà écrit des chansons. Donc il sait quand même de quoi il parle. Je crois que ça ne l'intéressait plus d'écrire et il a même ajouté : « Moi je ne sais faire que chanter. » J'ai repris sa phrase et ça a donné « Chanter ». Après, chacun sa manière de fonctionner. Moi, je préfère rester seul dans mon coin, à essayer d'imaginer ce que le chanteur pourrait avoir envie de dire, plutôt que l'interroger pendant des heures pour en tirer trois phrases. Et puis, Florent est quelqu'un qui aime bien être surpris. Donc, à l'origine, les chansons que je lui écris ne sont pas forcément faites sur mesure pour lui. Je propose mon texte au compositeur qui propose la chanson à l'interprète.

E. P. *: Dans « Et un jour une femme », il y a un passage qui correspond tellement à son arrivée à Paris quand il avait 15 ans :*

D'avoir perdu son enfance dans la rue
Des illusions déçues

L. F. : Oui, mais c'est l'histoire de beaucoup de gens. En effet, ça correspond à la sienne. Son parcours de vie, je le connais comme tous ceux qui lisent la presse people : « Ah, il a rencontré la femme de sa vie, ah, il habite en Patagonie, ah il est ami avec untel… » Le reste, ça ne m'intéresse pas beaucoup. Je ne vais pas aller chercher dans la vie intime des stars pour en faire des chansons. Quant à « Ma liberté de penser », j'ai eu connaissance de ses problèmes avec le fisc à la radio. J'en ai fait un texte comme on écrit un gag ou un sketch.

E. P. : *Oui, elle est très drôle en effet. Il y a beaucoup d'ironie. La première fois que je l'ai entendue, je me suis bien marré.*

L. F. : Tout le monde ne s'est pas marré. J'ai entendu des commentaires pas très sympas, du genre : « Ouais, c'est dégueulasse, il a des problèmes d'impôts alors il fait une chanson pour payer ses impôts. Ah, mais c'est facile… tout le monde ne s'appelle pas Pagny. » Bon, il faut bien qu'il y ait un peu de polémique. Heureusement il y a aussi des gens qui ont rigolé.

E. P. : *C'est la chanson de Pagny qui a le mieux marché.*

L. F. : Je pense que là non plus on ne l'attendait pas trop dans ce genre d'humour. C'est presque de l'autodérision… Je n'y croyais pas du tout. Quand j'ai proposé le texte à Obispo, je lui ai dit : « Tu en fais ce que tu veux. C'est une *joke.* » Je ne pensais pas qu'il allait composer une musique dessus, et encore moins que Pagny la chanterait car je commence quand même par :

Quitte à tout prendre, prenez mes gosses et la télé
Ma brosse à dents, mon revolver,
la voiture, ça, c'est déjà fait.
Avec mes interdits bancaires,
Prenez ma femme, le canapé

Même si c'est du 11e degré, c'est quand même un peu limite… surtout si vous ajoutez « le shit planqué sous l'étagère ».

E. P. : *En tout cas très ironique... La musique d'Obispo est imparable.*

L. F. : C'est ça aussi, la réussite d'une chanson. Il y a un texte un peu humoristique au départ. Après il y a la simplicité de la mélodie, mais aussi l'arrangement, cette espèce de banjo-guitare, on ne s'attend pas du tout à ce son. Tu enlèves un de ces éléments, peut-être que ça se casse la gueule. Et puis la chanson est arrivée au bon moment.

E. P. : *Et il y a pas mal de gens qui ont des problèmes avec le fisc.*

L. F. : Oui, ça peut leur parler. Mais la réalité est moins drôle. Et les huissiers, moins conciliants que dans le clip.

E. P. : *Une chanson comme « Châtelet-les-Halles » a eu moins d'impact que « Ma liberté de penser », mais elle peut décrire aussi, je pense, ce que Pagny a pu ressentir quand il a débarqué à Paris.*

L. F. : C'est un hasard total. Je l'avais écrite pour Calogero. Il préparait un album. Quand je fais une chanson, j'essaie d'être le plus universel possible. J'aime quand les gens s'y reconnaissent. Si c'est pour parler de mon nombril et de mes petits malheurs, ça n'a aucun intérêt. Ça doit parler à tout le monde. Là, c'est le trajet d'un mec comme beaucoup de banlieusards qui prennent tous les matins le RER en se faisant la gueule. Ils traversent des barres d'immeubles, prennent des couloirs en béton et débarquent à Châtelet-les-Halles. Après, on poétise, car on a besoin de poésie dans le RER (rire). Je raconte le quotidien de beaucoup de gens. Comme peut-être celui de Florent Pagny qui débarquait de sa province à 17 ans.

E. P. : *Quelle est la chanson que tu lui as écrite et dont tu es le plus fier* ?

L. F. : Justement, je ne me lasse pas de « Châtelet-les-Halles », grâce au talent fou de Calogero et de son frère Gioacchino. Le texte n'est pas de la grande littérature, mais plutôt comme un script, le scénario d'un film… Ne serait-ce qu'à la fin des couplets, lorsqu'il chante « ligne 1 », je me fais avoir à chaque fois. On traverse la grisaille. On voit le panneau Châtelet-les-Halles. Station balnéaire… Jusqu'à la fin du voyage… Et il y a des chansons moins connues, comme « Guérir », sur une magnifique mélodie de Daran, ou le duo avec Cécilia Cara, « L'air du temps ».

E. P. : *Tu as dit dans une interview : « Je ne peux pas concevoir d'avancer dans la vie et encore moins d'être un artiste si on n'est pas sincère envers soi-même. » Ce besoin de sincérité, d'authenticité, n'est-ce pas ce que tu as en commun avec Florent Pagny* ?

L. F. : Je crois que si on commence à tricher, ça se voit tout de suite. Déjà, je n'aime pas tricher envers moi-même. Quand tu as eu la chance de rencontrer des artistes qui te demandent de bosser pour eux, ils vont t'envoyer balader si tu n'es pas honnête dans ton travail.

Il y a plein de paroliers qui aimeraient être à ta place. Un chanteur, comme un comédien, ne va pas monter sur scène en interprétant quinze fois une chose à laquelle ils ne croient pas ou qui ne leur fait rien ressentir. Donc, oui, pour être crédible, il faut être authentique, sincère tout le temps.

E. P. : *Cette authenticité, ce respect des autres, n'est-ce pas justement ce qui le rend populaire* ?

L. F. : C'est ce qui fait la force et le succès de Florent. On voit que c'est quelqu'un qui ne triche jamais. Je n'aime pas trop le mot, mais il est « cash ». Il dit ce qu'il pense sans jamais être vulgaire dans ses propos. C'est quelqu'un qui a du vécu, qui a fait des erreurs et ne regrette rien, a connu des hauts, des bas, comme tout le monde. Parle de ses bons et mauvais moments sans tabou, sans langue de bois. Chacun peut se reconnaître en lui.

E. P. : *Comment se passe le processus de création avec ton interprète* ? *Est-ce qu'il y a une interaction entre vous* ?

L. F. : Honnêtement, non, il n'y a pas d'interactions. Quand Christophe Mae, Calo, Pagny ou n'importe quel autre artiste te demande un texte, tu es forcément influencé par le personnage et l'image qui s'en dégage, ou par sa voix, mais il faut s'en détacher. Surtout ne pas faire du sur-mesure. L'autre jour, ils passaient un vieux reportage sur Dalida. Il y avait un compositeur et un auteur qui lui disaient : « Écoute, on vient de faire une chanson, mais elle n'est pas faite pour toi. – Eh bien, si elle n'est pas faite pour moi, je la veux », a dit Dalida. Et c'était « Il venait d'avoir dix-huit ans ». Il ne faut pas oublier que ce ne sont que des interprètes. Goldman, qui est auteur-compositeur, écrit ce qu'il veut pour lui. Mais quand tu es uniquement interprète, il faut qu'on te propose, non seulement de bonnes chansons, mais aussi des chansons qui étonnent, qui surprennent, qui séduisent tout simplement et que tu puisses aller défendre en promo. La première fois que Florent a écouté « Un jour une femme », il n'était pas très chaud. Il craignait un doublon avec « Savoir aimer », ou une histoire d'adultère. Et puis à la fin de la chanson, il m'a dit : « Tiens, tu m'as eu ! » En fait, la chanson est un hommage au courage des femmes.

E. P. : *À partir du milieu des années 1990, Florent Pagny, conscient de ses limites, a eu l'humilité de renoncer à écrire ses propres chansons. Cette décision radicale n'a-t-elle pas également contribué à rendre son succès durable* ?

L. F. : Je pense que oui. C'est déjà reconnaître ses limites, et c'est faire confiance aux autres qui peuvent vous apporter de nouveaux univers, parler de la vie ou de l'amour différemment. Accepter qu'on n'est pas toujours génial et qu'il faut tendre l'oreille et la main vers d'autres.

16

14 albums studio et 15 chansons (1999-2021) : voyage, voyage !

Dès lors qu'il a décidé de ne plus écrire ses chansons, Florent Pagny est devenu prolixe. Entre 1999 et 2021, il sort seize albums studios. Quel rythme !

Tous au moins disque de platine, sauf ses albums de reprises, qui ont plus de mal à trouver leur public. Pourtant, certains d'entre eux sont superbes, comme *Gracias a la vida*.

Je vous propose de voyager entre France et Patagonie, Miami et La Havane, à travers quatorze albums studios originaux et quinze chansons de qualité.

Récréation : Savoir oser

En 1974, Claude Nougaro, dans son style inimitable, enregistre *Récréation*, un 33 tours, dans lequel il chante des versions très personnelles de grands classiques, comme Léo Ferré, Michel Legrand, Jacques Prévert, Serge Gainsbourg et bien d'autres. Chaque chanson est introduite par un sonnet, écrit en vers de mirliton. Florent Pagny a sans doute eu l'occasion de l'écouter.

Comme il aime prendre son public à contrepieds, il a l'idée d'un album qui portera le même titre et sur lequel, à l'image de son aîné, il va chanter dix-sept chansons. Mais il surprend tout le monde en les enregistrant dans des versions techno. En cette fin du XXe siècle, les disc-jockeys commencent à faire la loi sur les pistes de danse, mais aussi dans la pop. Seuls aux commandes de leur console, ils manient les échantillonneurs, samplers et boîtes à rythme pour marteler leurs tempos binaires et rapides qui peuvent conduire leurs auditeurs dans des états proches de la transe.

Florent Pagny se permet le luxe de sortir, comme il le dit lui-même, « un album de fainéant ». Il s'amuse. Pascal Obispo lui a fait une liste très éclectique de titres qu'il pourrait réinterpréter. Il en choisit dix-sept.

Dans ce double CD, il dépoussière entre autres des chansons de Higelin, « Pars », Michel Delpech, « Quand j'étais chanteur », Gérard Manset, « Il voyage en solitaire », Gainsbourg, « Requiem pour un con », Balavoine, « Vendeurs de larmes », Trust, « Antisocial », Julien

Clerc, « Partir », il rend un hommage appuyé à Jean-Louis Aubert, « Hygiaphone » et « Voilà c'est fini ».

On y retrouve aussi des titres d'auteurs ou de compositeurs avec qui il a travaillé, comme Goldman, Marc Lavoine ou Art Mengo, dont le tube « Les Parfums de sa vie (je l'ai tant aimée) » fera l'objet d'un single en janvier 2000. La reprise la plus surprenante est sans doute celle de « Jolie môme », une des chansons les plus connues de Léo Ferré, datant de 1960 et rendue célèbre par l'interprétation qu'en a faite Juliette Gréco. Personne ne s'attendait à ce que les mots désuets du poète monégasque finissent sur les dance-floors. Pourtant le rythme rapide de ce classique se prête bien à ce type de recréation.

Châtelet-les-Halles : L'âge adulte

Après le triomphe de « Savoir aimer », ce nouvel opus qui sort le 6 novembre 2000 permet de confirmer que Florent Pagny est un interprète majeur. Chaque chanson retrace en filigrane son parcours, depuis son arrivée à Paris jusqu'à sa rencontre avec Azucena et son exil patagonien. Malgré la quasi-absence de promotion, il sera certifié double disque de platine.

Les ambiances musicales oscillent entre pop rock et ballades. De nouveaux auteurs et compositeurs intègrent son équipe habituelle, dont David Hallyday, un temps pressenti pour composer l'intégralité de l'album, et

Calogero, encore peu connu du grand public, qui signe deux chansons avec son frère, Gioacchino Maurici. Avec son album intitulé tout simplement *Calogero*, il fera, deux ans plus tard, un carton dans les charts. Éric Chemouny, qui deviendra plus tard l'un des biographes de Florent Pagny, écrit sur une composition du fils de Johnny une plongée hallucinatoire dans le sentiment de vide que provoque la séparation et que l'ex de Vanessa Paradis « connaît aussi, merci pour lui[1] ». Avec Jean-Marie Marnier et Benjamin Raffaelli, son ami et bassiste de la première heure, Patrick Dupont lui concocte la chanson « Terre », le troisième single extrait de l'album, qui évoque sa nouvelle vie en Patagonie.

Ne reste plus personne de la team Goldman. On ne change pas une équipe qui gagne. Aussi Pascal Obispo et Lionel Florence signent-ils le titre phare de l'album, « Et un jour, une femme », qui fera l'objet d'un premier single en octobre 2000.

Suite logique de « Savoir aimer », la chanson, une ballade ample et mélodique, raconte avec une grande délicatesse comment la rencontre avec l'être aimé, une femme, La Femme, celle de sa vie, a pu métamorphoser Florent Pagny, lui qui était « tombé plus bas que la poussière ». L'amour ici, bien que toujours aussi noble, est plus salvateur que désintéressé. Il conduit à la renaissance. Encore une fois, le parolier, part de l'universel pour rejoindre ce que chacun peut vivre en particulier. « C'est

1. Éric Chemouny, *Florent Pagny. Le libre chanteur*, *op. cit.*

l'histoire de beaucoup de gens, qui en effet correspond à la sienne. » Ce titre est non seulement devenu un classique de son répertoire, mais en plus, c'est son préféré.

La chanson éponyme « Châtelet-les-Halles » marquera les esprits pour d'autres raisons. Elle raconte ce voyage underground que font quotidiennement des millions de voyageurs. La mélodie, à la limite du lyrique dans les couplets, devient presque linéaire dans le refrain, évoquant la monotonie de cet univers de grisaille à la croisée des chemins, dans lequel le rêve n'a pas droit de cité, avant d'atteindre un paroxysme rock à la fin de la chanson. Dans le très beau clip noir et blanc, Florent doit courir comme un dératé pour ne pas être submergé par l'eau déferlant, tel un tsunami dans les souterrains, symbolisant sans doute la marée humaine qui envahit chaque jour le ventre de Paris.

Châtelet
Châtelet-les-Halles
Station balnéaire
Mais où y a pas la mer

Châtelet-les-Halles, c'est aussi le quartier que fréquentait Florent Pagny dans sa jeunesse, un lieu de distraction, un lieu branché, un lieu festif.

Aller voir où ça vit de l'autre côté, ligne un

Pascal Obispo, Lionel Florence et Patrice Guirao, auteurs de la comédie musicale *Les Dix Commandements*, qui cartonne en octobre 2000 au Palais des sports avant de connaître un succès international, signent « Y'a pas un homme qui soit né pour ça », qui évoque le sentiment de détresse d'un homme apprenant qu'il est atteint d'une grave maladie. Bien sûr, point n'est besoin d'être extralucide pour deviner qu'il parle du sida.

La chanson est réenregistrée en 2004 avec Pascal Obispo et Calogero pour le Sidaction. Alors même qu'il vient de commencer sa chimiothérapie, il interprétera la chanson en duo avec son ami Pascal Obispo lors du concert « Unis pour l'Ukraine », le 8 mars 2022, diffusé en direct, sur France 2.

2 : Chanter entre amis

Le 7e album studio de Florent Pagny donne dans le récréatif.

Sur cet album qui ne comporte qu'un titre inédit, « On n'oublie pas d'où l'on vient », signé Obispo, il reprend quelques classiques de la chanson française. Du Aznavour, du Bécaud (« Et maintenant »), du Goldman (« Là-bas »), mais aussi les chansons de son propre répertoire, en duo avec ses confrères et amis, Kad (son meilleur pote), Obispo, David Hallyday, Marc Lavoine,

Patrick Bruel, Calogero, Eddy Mitchell (dans l'excellent « Pas de woogie woogie »), Lara Fabian, les Québécoises Natascha St-Pier et Isabelle Boulay, sans compter « Con tè partiro », le tube opératique d'Andrea Bocelli, qu'il est seul à pouvoir chanter.

Avec la défaite de l'équipe de France lors du mondial de football en juillet 2002, la sortie en single de « We Are the Champion » du groupe Queen avec le fils de Johnny n'est plus pertinente. Seul « L'air du temps », passé inaperçu parmi les treize chansons de « Châtelet-les-Halles », en duo avec Cécilia Clara, sera mis en avant.

La veille de sa sortie, l'album fera l'objet d'un show télévisé, « Double je », diffusé le 14 décembre 2001, réalisé dans l'esprit des émissions de Maritie et Gilbert Carpentier, qui égayaient les soirées télé de 1972 à 1985. Rappelant des années heureuses dans l'imaginaire collectif, elles commencent à devenir culte en ce début de millénaire, marqué par l'attentat contre Le World Trade Center, le 11 septembre 2001.

Ailleurs Land : L'album patagon

Florent Pagny, qui n'a pas oublié son passage à vide dix ans auparavant, adopte un rythme de travail effréné en sortant *Ailleurs Land*, en avril 2003, soit à peine six mois après son précédent album de duos.

Ce disque original mérite bien son titre. En effet, les progrès de la technique permettent au chanteur d'enregistrer les voix dans le home-studio qu'il s'est aménagé dans son Éden patagon, tandis que ses pauvres instrumentistes doivent aller bosser en studio, bravant en plein hiver la grisaille parisienne (je plaisante, bien sûr).

Kad Merad, qui a traversé l'Atlantique pour lui rendre visite, est présent lors des séances d'enregistrement. « C'est une ferme, sauf qu'il y a un peu plus de terrain qu'ailleurs et quelques animaux. Il avait installé une petite caravane américaine. Et dedans il avait fait un studio, se souvient-il. C'est là qu'il a enregistré tout l'album. On était face à la mer, avec le vent, et même parfois quelques baleines qui passaient devant. C'était magnifique[1]. »

Sur la pochette, le chanteur est photographié en contre-plongée dans une lumière proche du crépuscule. Il est vêtu d'un poncho en alpaga jaune avec de larges bandes noires et rouges, couleurs symbolisant les Indiens mapuches. Il s'appuie sur un bâton décoré d'une lanière en cuir quelque peu serpentine. Il porte la tenue typique des *gauchos* de la *pampa*. En arrière-plan, une automobile américaine tout droit venue des années 1950 ou des rues de La Havane attend son conducteur sur cette piste rocailleuse couleur marron aride.

Au dos de la jaquette, il trône en roi de la rocaille, assis dans un fauteuil en cuir, placé sur un rocher surplom-

1. *De quoi j'ai l'air*, Nikos Aliagas, Europe 1, octobre 2016.

bant le désert, face au soleil couchant. Ses mèches décolorées ainsi que les larges lunettes de soleil donnent une touche de modernité dans ce décor immuable.

Tourné le dos aux canyons arides
Aux éoliennes qui tournent dans le vide

Les premiers mots de la première chanson, écrite par Lionel Florence sur une musique de Calogero et de son frère Giaocchino Maurici, semblent surgir de ce Far West sud-américain. « Je trace », très rock'n'roll attitude dans ses arrangements et sa mélodie, aurait indéniablement pu être chantée par le grand Johnny.

« La folie d'un ange » est aussi un rock, mais tendance guitare sèche et bandonéon. Son amie et complice de cinéma Sandrine Kiberlain, avec laquelle il a joué dans *Tom est tout seul*, lui écrit « Sur mesure », un texte où elle dépeint cette harmonie qu'elle a pu observer de près en côtoyant le couple Florent-Azucena.

Dans la chanson qui donne son titre à l'album, faisant un flash-back sur sa vie d'avant, très showbiz et paillettes, Pierre-Yves Lebert, scénariste et parolier attitré de Daran, offre à Florent Pagny les mots simples pour décrire cette nouvelle vie dans cet ailleurs qu'il s'est choisi.

Cet opus propose les très belles ballades mélodiques aux textes soignés, comme « Le feu à la peau » de Fabrice

Homs et Daniel Lavoie, qui nous fait voyager au cœur de l'hiver québécois, ou « Guérir » de Daran et Lionel Florence, qui décrit le cheminement long et douloureux qu'il faut suivre pour se remettre d'une séparation.

Mais ces chansons délicates sont éclipsées par un tube énooorme qui, telle une météorite en folie, pulvérise tous les autres titres de l'album sur son passage. « Ma liberté de penser » naît comme « un gag ou un sketch » dans l'esprit de Lionel Florence, qui vient d'apprendre à la radio les mésaventures de Florent Pagny avec le fisc. Le vilain chanteur aurait reçu un prêt fictif de la part de sa maison de disques et n'aurait pas payé toute sa TVA. S'estimant dans son bon droit, il conteste la décision et refuse de s'acquitter de tous ces millions que les impôts lui réclament pour ce redressement qu'il estime injustifié.

Alors qu'il est à l'autre bout du monde, des huissiers viennent saisir tous ses meubles dans sa propriété de Montfort-l'Amaury. Ni une ni deux, Florent Pagny, téléphone à son ami Obispo et, après lui avoir fait sa liste de courses, lui demande de tout racheter à la salle des ventes. Le compositeur signe un chèque dont la décence m'interdit de vous divulguer le montant (pour tout vous dire, je ne le connais pas), puis il lui restitue aussitôt son mobilier. Franchement, même s'il reste quelque pisse-vinaigre, que cette situation chagrine (genre « quoi ? Déjà, il ne paie pas ses impôts, mais il en plus il en est fier ! »), cette chanson, avec son ironie mordante est très drôle.

Prenez mon lit, les disques d'or, ma bonne humeur
Les p'tites cuillères, tout c'qu'à vos yeux a d'la valeur
Et dont je n'ai plus rien à faire
Quitte à tout prendre, n'oubliez pas
Le shit planqué sous l'étagère

Quand même, il fallait oser ! Lionel Florence s'est surpassé. Il ne pensait pas que Florent Pagny pouvait assumer une telle autodérision. Mais c'était sans compter la volonté du chanteur de se laisser surprendre et de surprendre. Et là, il flaire le tube. Non seulement la chanson le fait rire, mais il en rajoute une couche en demandant à Lionel Florence d'y inclure « les oranges » et le « pyjama rayé ».

J'prends juste mon pyjama rayé,
j'vous fais cadeau des oranges

Il faut dire que cette mélodie simple et sautillante sur quatre accords (mi mineur, la mineur, ré, do), signée Obispo (encore lui !) est imparable. Les arrangements soutenus par un banjo moqueur et une guitare déglinguée donnent envie de se trémousser. Personne ne l'attendait dans ce registre.

Le CD, certifié disque de diamant, dépasse le million d'exemplaires vendus. Le succès de « Ma liberté de penser » lui permet de rembourser son ami. Il est condamné en 2005 pour fraude fiscale. Quelques années plus tard, les tribunaux donneront raison à Florent Pagny et débouteront notre cher Trésor. Mais la presse en a beaucoup moins parlé.

Baryton : L'opéra pour tous

Certaines émissions de télévision, certains articles de presse laissent entendre que Florent Pagny possède six octaves dans la voix. N'est-ce pas un peu démesuré ? Cela voudrait dire qu'il serait capable de chanter toutes les notes que possède un pianoforte, de la plus grave à la plus aiguë. Seul un Alien serait capable de le faire !

Les plus grandes voix du monde peuvent aller jusqu'à quatre octaves, et encore, en étant optimiste. Pavarotti n'en possédait que trois et demi, tout comme Freddy Mercury. Maria Carey peut atteindre cinq octaves en voix de sifflet, mais cette tessiture relève de l'exceptionnel. Tant pis pour la légende ! Cela n'enlève rien aux indéniables qualités vocales du Bourguignon, qui montre dans l'album *Baryton*, tout ce qu'il est capable de faire. « Au départ, ça ne devait être qu'un album de reprises. Et puis Obispo m'a dit qu'il pouvait écrire des chansons dans ce style. Finalement, il n'a pas eu le temps, et Calogero et Daran s'y sont attelés, avec "Io Le Canto per Te" et "Silenzio e Pace". Les textes ont été écrits par mon beau-frère, Giuseppe Giunta, le mari de ma sœur Marie-Pascale. Il s'est plutôt bien démerdé. Quant aux reprises, on les a choisies avec le chef d'orchestre Yvan Cassar et mon directeur artistique[1]. »

Avec plus de 600 000 exemplaires vendus, *Baryton* a le grand mérite de faire connaître quelques airs de *bel canto* à des gens qui ne mettront jamais les pieds à l'opéra.

Les sessions d'enregistrement ont lieu dans le studio Abbey Road de Londres, sous la direction d'Yvan Cassar, à la tête d'un des plus grands orchestres du monde, le London Philarmonic Orchestra, rebaptisé London Sessions Orchestra pour la circonstance. C'est cette même formation qui avait travaillé avec Michel Sardou dans les « Lacs du Connemara ».

Florent Pagny interprète quelques titres sublimes mais difficiles à chanter, comme « Nessun dorma », morceau de bravoure de l'opéra *Turandot*, composé par Giacomo Puccini ou le « E lucevan le stelle », extrait de *La Tosca*, du même compositeur, ou encore « La donna è mobile », l'aria le plus célèbre du *Rigoletto* de Verdi, qu'il a déjà interprété à Modène avec Luciano Pavarotti en 1998. Des morceaux de bravoure composés pour une tessiture de ténor, mais qu'il a repris un ton plus bas pour ne pas coincer dans les aigus. Il s'attaque aussi à « Maria », extrait de la comédie musicale *West Side Story*

1. *Le Parisien*, 8 novembre 2004.

de Leonard Bernstein qui est de plus en plus souvent joué comme un opéra classique.

La presse est mitigée, surtout concernant ses qualités lyriques. Un chanteur d'opéra doit s'astreindre à une forme d'ascèse, dont n'a pas voulu Pagny. Les puristes n'aiment pas le mélange des genres et ne veulent même pas entendre parler de cet artiste de variétés qui ose s'aventurer sur leur chasse gardée. D'ailleurs, toujours aussi lucide, le Bourguignon n'a jamais prétendu être un chanteur d'opéra. Il s'adresse à un public populaire. Les amateurs d'art lyrique, « c'est un public cultivé et très élitiste qui ne s'intéresse pas à moi. Je ne l'ai pas fait pour eux[1] ».

L'article paru dans *Le* Monde, juste après la sortie du disque, est assez symptomatique des réactions des professionnels et des journalistes spécialisés : « Pagny ne saurait rivaliser avec Franco Corelli, Luciano Pavarotti ou Roberto Alagna. Mais il est tout à fait à sa place (celle de Freddie Mercury) dans une reprise du duo "Guide Me Home" que le chanteur de Queen avait gravé en 1988 avec la cantatrice Montserrat Caballé. Et la jouvencelle Patricia Petibon lui donne une réplique qui vaut le détour[2]. » En gros, il peut chanter du rock ou de la variété, mais il n'égalera jamais un ténor professionnel.

Comment se fait-il qu'en l'écoutant chanter « E lucevan le stelle » sur la scène du Palais des congrès, où il

1. *Ibid.*
2. *Le Monde*, 6 décembre 2004.

se produit en juillet 2004 avec son spectacle *Baryton* et dans lequel il reprend les mêmes ingrédients que le disque, avec le même type de formation orchestrale et le même chef, on ait le même frisson qu'en entendant chanter le ténor Jonas Kaufmann, dont la version frise pourtant la perfection ?

Abracadabra : Rock acoustique et intimiste

Pour ce 10e album studio, Florent Pagny nous entraîne entre ballades, rock et chansons plus intimistes.

Il confie à Jean-Jacques Daran la majorité des compositions. Daran est un chanteur identifié plutôt rock, mais qui, en l'occurrence, a oublié ses chaises[1]. Avec ses complices Erik Fostinelli et son parolier attitré Pierre-Yves Lebert, qui a déjà écrit les textes de « Ailleurs Land » et de « Demandez à mon cheval », il nous livre une ambiance musicale, entre guitares électriques et guitares sèches, dans laquelle interviennent quelques synthés qui savent rester discrets.

L'album serpente entre ballades mélodiques et chansons plus dures, comme « Le mur », dans laquelle le chanteur rebelle de « Presse qui roule » refait surface. Dans un style plus littéraire, il dénonce les cons qui l'entourent. Vaste programme !

1. Daran crée Les Chaises en 1991, un groupe de blues rock incisif aux côtés de Jean-Michel Groix (batterie), Éric Sauviat (batterie) et Roberto Briot (basse).

Alors j'ai détruit
Les murs de ma maison
Le toit antibruit
L'abri en béton
Alors j'ai détruit
Pour garder la raison
Les portes en titane
Et puis j'ai construit
Un mur anticon

Raphaël, qui a triomphé l'année précédente avec « Caravane », fait une brève incursion dans l'univers de Pagny avec « Comme l'eau se souvient », dont les paroles sont signées Manset, le « Gérard l'hermite » de la chanson.

Le Bourguignon sait aussi chanter d'une voix détimbrée, suave et sensuelle sur cette ballade signée Daran et Valérie Véga. Après être devenu un tube, « Là où je t'emmènerai » fait les beaux jours de TF1, avec son émission homonyme, dont le concept semble directement issu de la chanson elle-même. Un programme court, diffusé chaque week-end juste avant le 20 heures, dans lequel des personnalités du monde du spectacle, des sportifs « invitent, les téléspectateurs à découvrir l'endroit dans lequel ils aimeraient emmener un être cher ». « Là où je t'emmènerai » reste l'une des chansons de Florent Pagny qui a le plus marqué les esprits. Elle fait les beaux jours des soirées karaoké.

Pagny chante Brel : S'attaquer au mythe

Dans les années 1980, les pochettes des disques de Brel étaient illustrées par le sculpteur Raymond Moretti. Sur la jaquette de cet album de reprises, l'image du chanteur belge pointant son public du doigt est imbriqué, façon Moretti, dans le portrait de Pagny en forme de masque.

Sur des arrangements d'Yvan Cassar, côté symphonique, et de Daran, côté rock, le Bourguignon met toute sa puissance vocale au service des chansons du « grand Jacques ». Mais, lui qui sait si bien oser reste ici bien sage, comme si le fantôme du chanteur bruxellois écrasait toute velléité de se démarquer de son modèle. L'ensemble donne une impression de pâle copie. Il manque un petit grain de folie. Une occasion manquée. L'album ne trouve pas son public.

C'est comme ça : Le premier album hispanophone

Contrairement à ce que son titre pourrait faire penser, l'album est entièrement chanté dans la langue de Cervantès, qui est également devenu la sienne et celle de ses enfants. Après le succès, dans les pays de culture latine à la fin des années 1990 et au début des années 2000, des rythmes reggae-rumba-rock de Manu Chao, Florent Pagny se dit qu'il a sa carte à jouer.

En mai 2009, il sort son 12e album studio, *C'est comme ça*, enregistré, à Miami, ville dans laquelle le chanteur s'est installé depuis deux ans. Il a décidé d'habiter là-bas pour y scolariser ses enfants et les protéger des effets pervers de sa notoriété en France. Il a demandé à quelques auteurs ou compositeurs sud-américains de lui écrire des chansons. Parmi eux, Julio Reyes Copello, qui a travaillé, entre autres, avec Jennifer Lopez. Le Cubain Raul Paz lui concocte une *canción* qui fleure bon l'Amérique latine.

Si l'on se fie à ses 530 000 vues sur Youtube (les chiffres y sont souvent très parlants), « C'est comme ça » est la seule chanson de l'album ayant résisté au temps. Avec son rythme reggae acoustique, elle marche sur les traces musicales de l'ancien leader de la Mano Negra.

Le clip montre Florent Pagny, coiffé d'un chapeau blanc, sillonner la steppe patagonne à bord d'un pick-up Chevrolet des années 1950. Il se tourne vers la caméra pour lâcher, d'un air résigné : « C'est comme ça. »

S'adressant à celle qui, depuis 2006, est devenue son épouse, il fait ici un état des lieux de son existence : il a eu de la chance, mais ça n'a pas toujours été le cas. Comme il a perpétuellement quelque chose à faire, il n'a pas le temps de se laisser aller à la mélancolie et au découragement. Il n'a rien à cacher. Il reste amoureux de sa femme et même s'il a eu ce qu'il voulait, il sait que le temps effacera tout. Il ne cherche pas à devenir parfait car la vie lui a appris à être lucide. Il a connu de mauvais moments mais il n'a jamais accepté la fatalité. Et il conclut par :

El mundo se hace cargo de la cobardía
El dinero le hace daño a la felicidad
Quédate un poco más que está llegando el día
Recuerda que mañana es sólo un día más
C'est comme ça, c'est comme ça corazón
(Le monde prend en charge la lâcheté
L'argent fait mal au bonheur
Reste un peu plus longtemps le jour arrive
Rappelez-vous que demain n'est qu'un autre jour
C'est comme ça, c'est comme ça, mon cœur.)

Comme Raul Paz connaît bien son Pagny ! Il faut dire que les deux artistes ont eu l'occasion de se raconter leur vie lors d'une longue conversation amicale.

Raul Paz a suivi des études musicales très poussées à La Havane, à l'institut des Arts. Exilé à Paris, il étudie à la prestigieuse Schola Cantorum. Pour gagner quelques sous, il commence par faire des bœufs au New Morning, le célèbre club de jazz parisien, avant de devenir un incontournable de la scène latino. Son premier album, « Cuba Libre », se vend à 100 000 exemplaires et lui vaut la reconnaissance de la presse new-yorkaise. La timide libéralisation du régime castriste lui permet, en 2008, de retourner vivre à Cuba. Lorsqu'il lui écrit cette deuxième chanson, « Me siento bien », dans laquelle il exprime le bonheur d'avoir retrouvé sa patrie et de se sentir enfin chez lui, sans doute se souvient-il de leur longue conversation, car l'exil patagon de son ami Florent n'est sans doute pas pour rien dans sa décision de retourner au pays. Sept ans plus tard, il lui écrira l'album *Habana*.

Sur ce premier opus en langue espagnole, pas de sous-entendus ni de sens cachés. Les textes vont droit au but. Les ambiances musicales nous font voyager du Mexique au Chili en passant par le Pérou. Malgré des arrangements pêchus et cuivrés qui, comme l'écrit *L'Express* à l'époque, « donnent une ambiance fiesta d'été roborative », la plupart des chansons sonnent plutôt variété.

Loin d'être désagréable à écouter, le disque passe quasi inaperçu en Amérique latine mais trouve son public en France et se vend à plus de 200 000 exemplaires. Une très belle reprise de la chanson d'Astor Piazzolla et de Fernando Solanas : « Vuelvo al sur », composé pour la bande originale du film argentin *Sud* en 1988, avant d'être adaptée avec succès au début des années 2000 par le groupe de néo-tango Gotan Project, conclut ce voyage en Amérique du Sud.

Tout et son contraire : De bric et de broc

Pour fêter ses trente-neuf ans, Florent Pagny s'offre un nouvel album fait de bric et de broc, où ses anciens auteurs en côtoient des petits nouveaux, dont certains cumulent un quart de siècle de carrière et quelques tubes, comme Marc Lavoine. Avec son complice, le compositeur Fabrice Aboulker, il écrit « L'eau des fleurs », une chanson tout en délicatesse, dans laquelle le Bourguignon chante sans pousser la note, de façon sensuelle et détimbrée.

Pour l'écriture de cet album, il fait appel à une nouvelle génération d'auteurs et de compositeurs. John Mamann signe avec Élodie Hesme « La huitième merveille du monde », une ode à Azucena, qui sera l'un des titres phares de l'album ; Grégoire, qui a fait un carton deux ans auparavant avec « Toi + Moi », Jérôme Attal, scénariste et écrivain, Marie Bastide rejoignent les vieux de la vieille, Calogero, Lionel Florence, Pascal Obispo, Emmauelle Cosso, l'épouse de Kad Merad, le meilleur ami du chanteur.

En revanche, sur ce disque qui connaît un succès honorable et finit par dépasser 200 000 exemplaires vendus, Daran a presque disparu des radars. Sans doute une conséquence du demi-échec commercial d'*Abracadabra*.

« Je laisse le temps faire » réunit dans un duo Florent Pagny et Pascal Obispo, dont il se chuchotait qu'ils étaient brouillés pour des histoires d'argent. Le clip nous entraîne dans le même bistrot que celui du *Singe en hiver*, ambiance France profonde, ambiance Blondin.

Sur une valse endiablée, le noir et blanc argentique distille sa magie nostalgique et festive. Tout à la joie de leurs retrouvailles, les deux compères, se tapent dans le dos, cabotinent et rigolent du vieillissement inéluctable qui les guette. La valse s'accélère encore et les deux « singes » se retrouvent sur la plage de Villerville, là où Belmondo et Gabin allument le feu d'artifice à la fin du film de Verneuil.

Faudra bien que je m'habitue
Que rien ne soit comme au début
Avec l'amour en pointillé
Entre deux portes fermées à clé

En écoutant « Je laisse le temps faire », on voit le fantôme du, vieux « Jacky », celui qui voulait redevenir l'espace d'une heure « Beau et con à fois ». Il vient nous faire un petit coucou, mais version joyeuse. Vieillir ? On n'a pas le choix, alors pourquoi ne pas se forcer à en rire ?

« Si tu n'aimes pas Florent Pagny », signé par le chanteur Vincent Baguian, sur une composition de Calogero (dans un style qu'on ne lui connaissait pas), va très loin dans l'autodérision. Le clip est tourné façon *comics trips* avec des incrustations et des bulles d'un humour décapant façon *Charly Hebdo.* Florent Pagny semble beaucoup s'amuser en énumérant tous ses défauts. Et dans le refrain, il enfonce le clou :

Si tu n'aimes pas Florent Pagny
Je peux te comprendre
Car moi-même
Je t'avoue que parfois j'ai envie
De me filer des beignes

La chanson lui a été proposée quelques années avant, mais il ne se sentait pas encore prêt à assumer cette ironie décapante. Au contraire, il se sentait « un peu vexé ». Quelques années plus tard, il finit par trouver cette chanson très drôle et accepte d'assumer ses défauts et d'incarner la star qui descend de son piédestal. La star qui descend de son piédestal ? En général, les fans n'apprécient que modérément. Pourtant, Florent Pagny a quelquefois flirté avec les limites, souvent avec succès. Lorsqu'il vient accueillir lui-même ses spectateurs avant d'entrer sur scène ou lorsqu'il chante « Ailleurs Land », son public le suit. Il lui est même reconnaissant de casser ainsi les codes. Mais là, pour certains de ses *aficionados*, sans doute est-il allé un peu trop loin. En même temps, savoir rire de soi-même est souvent salutaire.

Vieillir avec toi : Les valeurs fondamentales

Alors qu'il aime tant travailler avec des auteurs et compositeurs différents, Florent Pagny s'est fait piéger par Calogero qui rêvait depuis quelques années de lui composer un album entier. Car enfin, que faire quand on vous apporte sur un plateau des chansons qui sont toutes de qualité ? Du tout-cuit, je vous dis ! Le cahier des charges est déjà rempli sans même qu'on ait pris la peine de lever son stylo. Les chansons arrivent, clé en main. Il ne reste plus qu'à poser sa voix dessus.

Après l'échec d'*Abracadabra* et de « Gracias a la vida », « Vieillir avec toi », enregistré à Paris et sorti en novembre 2013, lui permet de rejoindre de nouveau le club très fermé des gros vendeurs d'albums. Il est certifié disque de diamant et 690 000 exemplaires ont été écoulés depuis sa sortie.

Il faut dire que depuis le début des années 2000, avec l'explosion des téléchargements et des plateformes de streaming, les chiffres de vente des CD et DVD ont déjà été divisées par deux. Ce chiffre constitue donc un indéniable succès. « À partir de là, j'ai renoué avec le succès commercial rappelant le temps passé. Cela peut encore arriver de faire ce genre de résultats mais, le problème, c'est qu'aujourd'hui, on ne sait plus vraiment où on peut acheter des disques. Tout cela nous fait vivre d'une autre manière. Là, je suis plutôt très content. Calogero m'a fait un beau cadeau : il m'a amené toutes les chansons, est allé chercher tous les auteurs, il a fait toutes les productions, les réalisations, les arrangements. Il a choisi le mixeur et était derrière lui toute la journée pour avoir ce qu'il voulait parce qu'il savait que ce qu'il voulait allait me plaire[1]. »

Cet album très abouti est sans doute l'un des plus appréciés par leur public.

Après avoir « construit un mur » anti-cons dans « Abracadabra », le chanteur retrouve ses racines avec « Les murs porteurs ». Il nous livre ici une version plus apaisée de l'existence. L'auteur, Christophe Cirillo, a bien compris que ce qui compte le plus pour le Bourguignono-Patagon, c'est son noyau familial ; ses parents, sans lesquels rien n'eût été possible et pour lesquels il éprouve une reconnaissance infinie, au point de leur offrir une vieillesse heureuse ; ses frères et sœurs qui, grâce à lui, n'ont jamais manqué de rien ; Azucena, son amour, sa muse, sa complice, son associée, sa conseillère ; ses enfants, Ael et Inca, qu'il protège de son mieux, sans pour autant les étouffer. Ses amis proches sont autant d'arcs-boutants qui soutiennent ces murs : le designer Philippe Starck (tellement complémentaire !), qui le surprend par sa hauteur de vue et qui a su lui tendre une main secourable lorsqu'il était sur le point de se noyer, Kad Merad, ce comédien, qu'il a rencontré en 1992, quand il était au creux de la vague. Comme lui, il n'a jamais oublié qu'il vient d'un milieu modeste. Il est le complice des bons moments. Avec lui, il peut partager les parties de pêche, les repas plantureux, les barres de rire sur les plateaux télé. Il a été l'un des rares

1. *20' culture*, 17 septembre 2021.

à traverser l'Atlantique pour le rejoindre sur ses terres patagonnes. Depuis 1992, il a toujours été là, dans les bons et les mauvais moments.

Bien d'autres amis pourraient être évoqués, tel Obispo, qui lui a racheté ses meubles lorsque les huissiers lui avaient tout saisi. Ce sont ceux-là, les vrais amis, et ils se comptent généralement sur les doigts d'une main.

Florent Pagny évoque aussi ses jeunes années, pendant lesquelles il se montrait prodigue et flambeur. Face aux fausses valeurs, ne restent que ces murs fondamentaux qui soutiennent la maison vie. Ce texte décrit son retour aux valeurs authentiques. Il touche l'imaginaire collectif. La mélodie ample et lyrique de Calogero est la clé de voûte de ce succès discographique.

Restent les murs porteurs
Des amis en béton
Un frère, ou une grande sœur
Pour voir à l'horizon
Restent les murs porteurs
Pour tenir la maison
Pour surmonter ses peurs
Ou vaincre ses démons

« Le soldat », dont le texte est signé Marie Bastide, la compagne de Calogero, parle aussi à l'imaginaire collectif. Troisième single extrait de l'album, ce titre évoque la Première Guerre mondiale à travers la lettre qu'écrit un poilu de 1914 à sa chère et tendre. Ce soldat anonyme exprime sa souffrance mais essaie malgré tout de garder un semblant d'optimisme, afin de rassurer sa fiancée. Il est fier de servir son pays, mais aussi très conscient de la misère et du carnage régnant autour de lui. Calogero, qui admire depuis son plus jeune âge l'auteur de « San Francisco », devait sans doute connaître « Lettres », ce chef-d'œuvre signé Maxime Le Forestier, chanson-fleuve qui, comme une chronique, relate la guerre de 14-18, à travers un échange épistolaire entre un conscrit et son épouse.

Mais contrairement à Le Forestier, Marie Bastide, dans « Le soldat », va à l'essentiel et rend le thème plus porteur, moins littéraire, plus accessible. En ces temps où le binaire « simple, basique » a imposé sa griffe, Calogero réussit à faire un tube avec une valse mélancolique qui commence en piano-voix. La mort du soldat est suggérée. La voix de Pagny s'efface. Des notes fantômes résonnent dans la tête de l'auditeur sur ces nappes de synthé imitant les cordes, que ponctue le son des caisses claires, martelant leur rythme macabre et obstiné. La mélodie est présente de façon subliminale. Et l'on voit le chanteur tenir la main d'un enfant devant une tombe anonyme dans ce clip tourné dans l'ossuaire de Douaumont et dans le cimetière de Verdun. Émotion garantie !

La chanson est maintenant intégrée dans les programmes scolaires. Car, les années passent et plus d'un siècle après, cette guerre commence à être oubliée. Plus forts reviennent les vieux démons, rendant plus nécessaire encore le travail de mémoire.

Mais je suis un soldat
Je ne sens plus mes bras
Tout tourne autour de moi
Mon Dieu, sors-moi de là

Également signée Marie Bastide, « Vieillir avec toi » connaît un gros succès. Il est rare qu'un homme parle de son aspiration à la fidélité comme d'une valeur fondamentale. Sa relation avec Azucena prouve qu'un homme peut être fidèle en amour.

Moi je veux vieillir avec toi
C'est mon plus beau rêve ici-bas

Habana : Au *corazón* des rues de La Havane

Ce troisième album en langue espagnole ne s'est pas trop mal vendu (disque de platine quand même !).

L'auteur-compositeur cubain Raul Paz lui a concocté des petits bijoux de poésie ciselée, des mélodies à mourir de larmes lorsque la voix de Florent Pagny s'y pose.

Dans chaque clip, le chanteur déambule au milieu des murs lézardés de La Havane, s'installe dans ses maisons fatiguées. Sur la jaquette du CD, il s'assied de chaise en chaise, comme s'il était chez lui, comme si la capitale cubaine l'avait adopté. Les chansons impudiques parlent au *corazón*. Album somptueux, à écouter sans retenue.

Le présent d'abord : Un petit dépoussiérage !

Pascal Nègre, le directeur d'Universal, fait à Florent Pagny une proposition qui, au premier abord, peut paraître incongrue : « Et si Maître Gims t'écrivait tes prochaines chansons ? »

Leader du groupe de rap Sexion d'assaut, il commence une carrière solo en tant que chanteur, rappeur, auteur et compositeur, avant d'enchaîner les tubes (« Sapés comme jamais », « Désolé », « Bella », entre autres…) et les disques de diamant avec *Subliminal* en 2013, puis *Mon cœur avait raison* en 2015 et *Ceinture noire* en 2018. Maître Gims a vingt-cinq ans de moins que Florent Pagny et son univers urbain est parfois aux antipodes de celui du chanteur bourguignon. Mais Florent Pagny aime se renouveler. Sa « carrière » de coach dans *The Voice* lui permet de rester au contact de la jeune génération, dont il connaît les goûts et les codes, même s'il doit faire appel à sa fille Ael pour choisir les titres étrangers qu'il propose aux talents de son équipe. Et puis, bien qu'étant rappeur, Maître Gims a une voix de baryton très puissante qu'il sait mettre en valeur dans ses compositions.

Florent Pagny n'en est pas à son coup d'essai. L'univers du hip-hop vient parfois naturellement à lui. C'est ainsi qu'il a enregistré en 2010 un duo avec Big Ali, disc-jockey et rappeur américain résidant en France. Le chanteur trouve donc que la proposition de Pascal Nègre n'est « pas complètement con », mais, conscient du fossé générationnel, il impose ses propres conditions. Il veut la musique, le son de Maître Gims, mais il va confier les paroles à Lionel Florence. Azucena lui souffle le thème de la chanson phare de l'album : ça parlera du temps présent. L'esprit humain est trop encombré par le passé et par l'avenir : « Le pain d'hier est rassis, le pain de demain n'est pas cuit : alors mangeons celui d'aujourd'hui[1] ! »

Lionel Florence, qui a déjà abordé à maintes reprises le thème du temps qui passe, aurait préféré parler d'un autre sujet. Finalement, « Le présent d'abord » lui permet de se livrer à un exercice de style qui se marie bien à la musique de Maître Gims.

Hier était hier, déjà au passé dépassé
Hier n'est plus à refaire ou à ressasser
Alors rien ne sert de s'encombrer

1. Proverbe scout.

Laissons-nous vivre le présent d'abord
Laissons-nous vivre à l'instant plus fort
Laissons-nous suivre nos envies d'encore
Laissons-nous vivre aujourd'hui d'abord

Cette chanson prône ce fameux *carpe diem*, locution latine popularisée par Peter Weir et son film *Le Cercle des poètes disparus* et vulgarisée dans une traduction approximative (Profite du jour présent) alors que sa signification est : « Cueille le jour présent. » Si l'on traduit le vers d'Horace dont elle est extraite, ça donne : « Cueille le jour présent sans te soucier du lendemain » (*Carpe diem, quam minimum credula postero*). Et dire que les Français forment un peuple latin !

Mais je m'égare. Revenons au présent, d'accord ! Maître Gims prête son équipe de musiciens et d'auteurs à Florent Pagny.

Dans « Le présent d'abord », les arrangements sont un feu d'artifice de synthé survitaminé que ponctue le son des cloches et que soutient la voix d'un choriste de luxe : Maître Gims en personne.

Dany Synthé, qui vient de l'univers du rap : producteur, compositeur, assure la réalisation artistique de l'album, co-compose quatre titres, « Le présent d'abord » et « L'âge de raison » avec Maître Gims. Avec Nazim Khaled, il coécrit « La beauté du doute ». La mélodie du refrain pourrait faire penser à du Claude François de la grande époque. Le texte est comme une introspection sur un mode interrogatif : pour réussir sa vie, mieux vaut oublier les certitudes, partir à l'aventure. Le passé nous donne des leçons. Le futur prend des voies de traverses. Et, comme le chantait le regretté Tonton David : « Chacun sa vie, chacun son destin. » Nazim Khaled est le compositeur d'« Andalousie » et des « Yeux de la mama » pour Kendji Girac, et du fameux « J'ai cherché » pour Amir, qui a connu un grand succès en 2016 à l'Eurovision.

Cette même année, l'équipe de Florent Pagny avait gagné la saison 5 de *The Voice* avec Slimane Nebchi, un jeune talent qui tiendrait ses promesses. Slimane vient faire un petit coucou, avec Jim Bauer, le futur finaliste de la saison 10 (dans l'équipe de Marc Lavoine). Ils écrivent la chanson « C'est peut-être ».

Avec ce 24e album, Florent Pagny se voit ainsi adoubé par la jeune génération. Rien de tel qu'un peu de sang neuf pour faire vibrer les foules.

Aime la vie : Positif et optimiste malgré tout

Fin 2018, début 2019, Florent Pagny n'a plus d'engagement. Son album de reprises, *Tout simplement*, sorti en 2018, n'a pas très bien marché. Il vient de quitter *The Voice* car, après sept saisons passées dans son fauteuil rouge de coach, il estime avoir fait le tour de la question.

Pas d'album ni de tournée en vue. Il va enfin pouvoir s'accorder quelques années sabbatiques. C'est compter sans Pascal Giunta, le fils de Marie-Pascale, qui a quelques chansons à proposer à son tonton. « Quelque part, on dit toujours qu'il ne faut pas travailler avec la famille, les amis... J'étais en train de raconter à tout le monde que j'arrêtais *The Voice*, que je ne repartais pas en tournée et que je n'allais pas refaire un album avant quelque temps parce que j'allais vivre un truc que je fantasme de faire : un break de trois, quatre, voire cinq ans[1]. »

Sorti le 7 juin 2019, sans tambour ni trompette, presque sur la pointe des pieds, ce 19e opus se place très vite à la première place des charts. Très rapidement, il est certifié disque de platine.

Il marque le retour de Daran, qui en assure la réalisation musicale mais ne compose que quatre titres. Alain Lanty, pianiste et compositeur, faisait partie de la bande du Vingt aux Halles. Il a connu Pagny à ses débuts. Il a travaillé depuis avec les plus grands, comme Johnny Hallyday ou Renaud. Parfois, au détour d'un album, il lui écrit un ou deux titres. Sur *Aime la vie*, il signe avec Pierre Riess, un parolier de la galaxie Calogero, une somptueuse chanson, « Noir et blanc », qui fait un constat sans appel de l'humanité. Ici, même le blanc vire au noir. Dans le clip tout en nuances de gris, l'on voit Florent Pagny, au sommet d'un gratte-ciel, contempler le vide à ses pieds.

1. RFM TV, 23 mars 2020.

Mais « Noir et blanc » fait figure d'exception, car *Aime la vie*, comme son nom l'indique, reste résolument optimiste, avec deux tubes très *feel good*, « Rafale de vent » et « Si une chanson ». Anne Sila, qui avait été sa finaliste dans la quatrième saison de *The Voice*, le rejoint pour un duo très attendu dans « C'est ta route », signé Mathias Giunta et Manu Martin.

L'Avenir : Une passerelle

Après « Vieillir ensemble », qui a été un succès, Calogero lui compose de nouveau un album entier qui sort le 7 mai 2021. Calo arrive avec ses chansons et le Bourguignon en repère une qui lui a tapé dans l'oreille. Elle s'appelle « L'avenir » :

Tout ce qu'on n'a jamais su faire,
on le fera en mille fois mieux
Des regrets à satisfaire avec la chance au milieu
On sera ce qu'on espère, on ne sera jamais vieux
On deviendra un bon père, on dira droit dans les yeux
Tout ce qu'on n'a jamais su dire
On est fait pour bâtir l'avenir

« J'ai dit à Calo : "Je ne sais pas qui est le gamin qui a écrit ce texte un peu naïf et utopique, mais ça met tellement d'espoir et c'est tellement simple que j'aime ça."

Là, il me regarde et me répond : “Tu sais que le gamin, c’est Serge Lama ?” Eh bien, c’est encore mieux parce que, quand on a encore cette vision des choses à 70 ans passés, c’est beau et ça donne de l’espoir. » En fait, Serge Lama a 77 ans aux prunes lorsqu’il écrit ce texte. Après avoir été l’un des chanteurs les plus populaires de France dans les années 1970 jusqu’au milieu de la décennie suivante, il a continué, après 2010, à écrire des textes pour les chanteurs de la jeune génération, comme Christophe Mae avec « Je veux du bonheur ».

Le clip de « L’avenir » est à la fois un passage de témoin et un message d’espoir. Il est tourné dans l’aérodrome d’Étrépagny, dans l’Eure, près de Gisors, en juillet 2021. Florent Pagny partage la vedette avec son fils Inca, qui pilote le biplace traînant une banderole aux couleurs de la paix, graffé par le collectif artistique Dinka. Ce disque est une passerelle avec la nouvelle génération, à laquelle le chanteur veut apporter un message d’espoir dans ce monde qui renoue avec tous les obscurantismes.

Le deuxième titre de l’album, « L’instinct », sur un rythme à la *Boléro* de Ravel, avec une composition lyrique pénalisée par des synthés un peu cheap, est signé d’un jeune auteur, Bruno Guglielmi. Barbara Pravi, qui vient de terminer sur la deuxième marche du podium de l’Eurovision, apporte une contribution à cet album en signant les paroles de « Quand elle rentrera ».

Co-signée par Calogero et Julien Clerc qui l’a remplacé deux ans avant dans le fauteuil de *The Voice*, texte écrit par Paul Ecole, un parolier qui fait également partie de la nouvelle génération, « Les passerelles », dont la mélodie est exceptionnellement belle, nous parle de ces ponts entre des hommes, entre les pays, comme un rêve, comme une utopie.

Cet album est un comme un passage de témoin, une passerelle entre les générations pour un monde meilleur, dans lequel la paix régnerait enfin.

Épilogue

« Désolé »

Le 25 janvier 2022, Florent Pagny se filme dans sa bibliothèque et diffuse sa vidéo sur les réseaux sociaux. Il annonce avec une grande sobriété qu'il est atteint d'une tumeur inopérable au poumon. Il doit « rentrer dans un protocole de six mois de chimiothérapie et de rayons X » et se dit désolé de ne pas pouvoir tenir ses engagements et de devoir annuler toutes les dates de sa « tournée des 60 ans » prévue en 2022. Il précise que la 11e saison de *The Voice* ayant été enregistrée trois mois avant, on pourra continuer à le voir « en pleine forme ». « Moi et ma moitié devons nous mettre en mode "guerriers" afin d'affronter cette épreuve un peu particulière. » Il reviendra peut-être quand tout cela sera réglé, pour la tournée des 61 ans.

C'est le 7 janvier 2022 qu'il a appris la nouvelle. « Je toussais tellement que je voulais savoir ce que j'avais avant de redémarrer la fin de ma tournée, prévue le 25 janvier. Je pensais avoir une bronchite qui allait se régler avec une prise d'antibiotiques. Finalement, je découvre ce jour-là que j'ai une tumeur[1]. »

Le 16 mai, lui qui n'est pas un fan des réseaux sociaux poste une nouvelle vidéo sur Instagram. Son apparence a forcément changé après la chimio. Le look chauve lui va plutôt bien, même si, forcément, on sent qu'il accuse le coup. Les nouvelles semblent plutôt bonnes. « Il ne me reste plus qu'une chimio et je peux vous dire que je vais très bien. Alors oui, j'ai un peu changé de look, obligatoirement. C'est le traitement qui veut ça, mais je vais m'y faire et ça va passer. Le protocole a plutôt bien marché, puisque dès les premières chimios et radiothérapies, ma tumeur, qui avait la taille d'un kiwi, s'est transformée en une noisette. »

Bien sûr, il reste une incertitude, mais il se montre optimiste pour la suite des événements. Il a été très bien accompagné par le milieu médical, par sa « moitié » et ses enfants et les messages de soutien qu'il a reçus, qui lui vont droit au cœur, l'ont aidé à traverser cette épreuve.

Quand il aura terminé sa dernière chimio, après une convalescence bien méritée, il donne rendez-vous à son public, pour cette « tournée des 61 », qu'il a promise dans sa précédente vidéo. Malgré les traitements lourds qu'il vient de subir, il ira jusqu'au bout de la 13e saison

1. *Femme actuelle*, 13 mai 2022.

de *The Voice*, remportée, le 21 mai 2022, par Nour, son très jeune talent, qu'il a soutenu avec beaucoup de ferveur. Le chanteur l'a lui-même reconnu lors des *battles* : « Je suis dans une saison particulière. » Ce fort en gueule est habituellement pudique quand il s'agit de montrer ses sentiments. Mais lors de cette 11e saison, il s'est laissé submerger par ses émotions. Il fend l'armure et les téléspectateurs lui en savent gré.

Voici quelques-uns des 10 000 témoignages d'amour et de soutien que le chanteur a reçus sur Facebook à l'annonce de sa maladie : des messages de personnes connues, mais surtout, de beaucoup de fans.

HUGUES AUFRAY : OFFICIEL *:*
Avec mes amitiés et mon soutien ! Hugues.

MARCEL AMONT *: Vous annoncez votre maladie avec beaucoup de pudeur. C'est un exemple pour tous. Courage ! Mes pensées vont vers vous.*

SOUAD MASSI *: Cher Florent Pagny, Dans ces moments compliqués de la vie, tu as toute mon affection, ma solidarité et mon admiration ! Souad*

BRUNO LE MAIRE *:*
De tout cœur avec vous cher Florent Pagny !

JEANNE *: Merci pour votre sincérité envers nous, vos fans. Vous êtes une belle personne. Courage à vous et votre famille et faites confiance à la médecine et à vous aussi... on vous souhaite un bon rétablissement.*

PAUL : *Florent vous avez toujours eu tellement d'humilité et de classe que même face à cette fâcheuse nouvelle vous restez humble et digne...*
Je vous souhaite le meilleur rétablissement possible et je l'espère fortement et sincèrement.

LIVIA : *Bonsoir Florent, j'ai traversé cette épreuve, le chemin est éprouvant, difficile et vous change à jamais mais vous vous en sortirez... Pas après pas, on avance et la force nous envahit, je vous envoie ma foi et vous êtes un combattant. Vos chansons m'ont tenu compagnie pendant mes chimios... et je veux et sais que je vous verrai encore sur scène...*

★

Remerciements

Grand merci à Serge, à Jean Pierre et Valérie, à Jean Marc de Tannay, au Conservatoire de Levallois-Perret et, pour les documents rares qu'il m'a prêtés, pour sa gentillesse et sa disponibilité, à Lionel Florence.

Achevé d'imprimer en septembre 2022
sur les presses de la Nouvelle Imprimerie Laballery
58500 Clamecy
Numéro d'impression : 208511

Imprimé en France

La Nouvelle Imprimerie Laballery est titulaire de la marque Imprim'Vert®